数智技术赋能智慧图书馆建设研究

苑 刚　曲明娟　著

新华出版社

图书在版编目（CIP）数据

数智技术赋能智慧图书馆建设研究 / 苑刚, 曲明娟
著. -- 北京 : 新华出版社, 2024.4
ISBN 978-7-5166-7352-2

Ⅰ.①数… Ⅱ.①苑… ②曲… Ⅲ.①数字图书馆 -
图书馆工作 - 研究 Ⅳ.①G250.76

中国国家版本馆CIP数据核字(2024)第065802号

数智技术赋能智慧图书馆建设研究

作　　者：苑　刚　曲明娟

责任编辑：王依然　　　　　　　　封面设计：优盛文化

出版发行：新华出版社

地　　址：北京石景山区京原路8号　　邮　　编：100040

网　　址：http://www.xinhuapub.com

经　　销：新华书店、新华出版社天猫旗舰店、京东旗舰店及各大网店

购书热线：010-63077122　　　　中国新闻书店购书热线：010-63072012

照　　排：优盛文化

印　　刷：河北万卷印刷有限公司

成品尺寸：170mm×240mm

印　　张：14.75　　　　　　　　字　　数：210千字

版　　次：2024年4月第一版　　　印　　次：2024年4月第一次印刷

书　　号：ISBN 978-7-5166-7352-2

定　　价：88.00元

前　言

随着科技的飞速进步，以及大数据、物联网、云计算、人工智能等数智技术的日益广泛应用，世界正在迎来一个新的变革。这一变革不仅改变着人们的生活方式，也对图书馆领域产生着深远影响。传统图书馆已逐渐走向数字化、智能化，其中智慧图书馆的建设和发展成为一个新的热点。本书旨在深入探讨数智技术如何赋能智慧图书馆的建设，从而为其发展提供科学、有力的指导。

第一章对智慧图书馆进行了全面解读，包括智慧图书馆的概念、特征、构成和功能等，它们共同揭示了智慧图书馆的深层含义，也为读者展现了智慧图书馆的多样性和复杂性。

第二章对智慧图书馆的建设进行了深入分析。从建设目标、内容到建设原则和架构设计，笔者试图为智慧图书馆的实际建设提供一份翔实的指南。

第三章带领读者了解智慧图书馆建设中的数智技术，深入探讨了大数据、物联网、云计算、人工智能及数据挖掘等技术，希望读者能够对这些技术形成初步的认识。

第四章聚焦智慧图书馆数字资源建设，探讨了对图书馆数字资源的基础认识，讲解了数智技术如何赋能智慧图书馆数字资源的挖掘，如何实现数字资源的整合，以及如何保障数字资源的存储与安全。

第五章着眼于智慧图书馆服务体系建设，首先讲述了对图书馆服务的基础认识，然后分析了数智技术赋能下智慧图书馆的服务理念，接着深入讨论了数智技术赋能下智慧图书馆服务体系的建设思路，以及数智技术在智慧图书馆服务中的具体应用。

第六章详细地分析了数智技术在智慧图书馆管理体系建设中的作用，并从理念、建设思路、具体应用等方面，展现了数智技术如何改变和优化智慧图书馆的管理模式。

第七章主要聚焦智慧图书馆建设中不可或缺的一环——人才队伍，详细探讨了在智慧图书馆环境下，馆员的主要任务及作用、能力构成与评价，以及队伍结构和建设策略。

第八章也是本书的最后一章，对全书内容进行了总结，并对智慧图书馆的未来建设与发展进行了展望。

在研究的过程中，笔者采用了多种方法，包括文献分析、案例研究、实地考察等，力求在理论和实践之间找到一个平衡，为理论研究提供实证，为实践操作提供理论支持。

本书的贡献在于揭示了数智技术在智慧图书馆建设中的关键作用，提出了一系列应用策略和建设方案，为智慧图书馆的构建和发展提供了理论参考和实践指导。

然而，本书还具有一定的局限性。数智技术的发展日新月异，本书可能无法覆盖所有的新技术和新趋势。另外，由于各地图书馆在资金、人力、设施等方面的条件不同，本书的建议可能不能完全适用于所有的情况。因此，笔者希望本书能够引发人们更多的关注和讨论，共同推动智慧图书馆的建设和发展。

本书旨在破解智慧图书馆建设中的难题，揭示数智技术赋能智慧图书馆建设的秘密。希望读者能从中获得启发，为推动智慧图书馆的发展贡献一分力量。

目 录

1

第一章　初识智慧图书馆

第一节　智慧图书馆的概念

一、关于智慧图书馆概念的几种观点

笔者查阅资料发现，虽然目前关于智慧图书馆的研究很多，但关于其概念并没有统一的定论，研究者往往根据自己的观点结合实际从不同角度给出不同的界定。笔者对研究者的这些界定进行归纳分析后，将其分为以下几种。

（一）感知论

从感知论的角度来看，智慧图书馆被定义为一个利用物联网等感知技术，实时主动地获取相关感知数据，并在处理和分析感知数据的基础上，为读者提供智能化的服务环境和文献资源的系统。这一观点主要强调了智慧图书馆的感知能力，即对信息的获取、处理和分析的能力。

图书馆是知识的宝库，读者可以在这里获取他们需要的信息。然而，传统图书馆往往存在信息获取不便、资源利用率低、服务水平有限等问题。这就需要图书馆具备更强大的感知能力，以对读者需求、图书馆资源及服务效果进行全方位、实时的感知。只有这样，图书馆才能提升自身的管理水平和服务质量，更好地为读者服务。

感知论也强调了人与人、人与物、物与物之间的直接对话，在这种对话中，人（包括馆员和读者）不再是被动地接收和使用信息，而是主动地参与信息的生成、传播和应用。物（包括图书馆的设施和资源）也不再是被动地存在，而是主动地为人提供服务，成为人的合作伙伴。在这种情况下，图书馆将不再只是一个静态的知识仓库，而且是一个动态的知识生态系统。

（二）人文服务论

从人文服务论的角度来看，智慧图书馆强调馆员在利用新技术解决问题方面的主观能动性，突出了人在构建智慧图书馆中的重要作用。这一观点主张，虽然技术是智慧图书馆的重要组成部分，但人的参与和服务才是其核心。

在图书馆的日常运营中，馆员的工作涉及各种人与人之间的互动，如解答读者的咨询、组织活动等。这些工作不仅需要馆员具有较高的专业技能和良好的人际交往能力，也需要馆员了解和掌握新的技术，以适应图书馆服务的变化和发展。因此，智慧图书馆的发展不仅是一个技术问题，更是一个人与技术的协同和互动问题。

按照人文服务论的观点，馆员的角色应从过去的知识管家变为服务者和协调者。他们不仅需要管理和提供知识资源，还需要理解和满足读者的需求，协调各种资源和服务，以提供更优质的图书馆服务。这就要求馆员具有更强的服务意识和创新能力，能够主动发现和解决问题，以为读者提供更个性化和人性化的服务。

人文服务论还强调读者在智慧图书馆中的重要作用。读者不仅是服务的接受者，也是服务的参与者和创造者。他们可以通过提供意见和建议，参与智慧图书馆服务的改进和创新。例如，智慧图书馆可以通过读者的阅读数据，了解读者的阅读需求和喜好，提供更符合读者需求的服务；也可以通过组织各种活动，为读者提供参与图书馆管理和服务的平台与机会。

依据人文服务论，智慧图书馆不仅是一个高效、智能的服务系统，也是一个人性化、互动化的社区。在这里，馆员和读者可以通过技术和服务，实现更深入的交流和合作，共同提供更优质的图书馆服务。这样的智慧图书馆，既体现了技术的先进性和智能性，也体现了人的主观能动性和服务精神，是真正以人为本的图书馆。

（三）智能技术论

智能技术论强调物联网基础设备、系统和流程之间的互联互通。由此可见，智慧图书馆的实现依赖先进的技术，这些技术使得图书馆能主动感知读者需求，并为读者提供智慧化服务。

智慧图书馆从最初的提供存储和查询知识服务，逐步发展为可以感知和响应读者需求，提供智能化服务的系统。这个转变的关键在于利用了先进的智能技术，如物联网、大数据、云计算、人工智能等，从而能够更好地感知环境，了解读者需求，并提供更优质的服务。

物联网技术是智能技术论的重要组成部分，它使得各种设备和系统能够进行数据交换和通信，这为智慧图书馆的实现提供了可能。物联网技术可以帮助智慧图书馆实时地收集和分析数据，了解自身的运行状况及读者的行为模式和需求变化，从而更好地管理资源，为读者提供更加个性化和精准的服务。

云计算技术也是智能技术论的重要组成部分，它可以提供强大的数据存储和处理能力，使得智慧图书馆可以快速地处理大量的数据，实时地更新信息，迅速地响应读者的需求。此外，云计算技术还可以实现资源的共享和优化，使读者可以随时随地访问智慧图书馆的资源，享受图书馆的服务。

人工智能技术是智慧图书馆的灵魂。通过机器学习和深度学习等人工智能技术，智慧图书馆可以实现自我学习和自我优化，从而提升服务效率。例如，通过人工智能技术，智慧图书馆可以分析读者的阅读习惯和兴趣，为读者提供个性化的阅读推荐；还可以自动处理读者的咨询和问题，提供 24 小时的在线服务。

需要注意的是，智能技术论不仅关注技术的应用，更关注人与技术的互动。它强调的是人和技术之间的合作，而不是技术取代人。智慧图书馆的馆员和读者不仅是技术的使用者，也是技术的创造者和推动者。他们可以通过反馈技术使用过程中的问题，更好地推进技术的改进和优化。

（四）要素论

要素论提供了一种理解和分析智慧图书馆的有效工具，它将智慧图书馆分解为几个基本要素，并详细探讨了这些要素是如何相互作用推动智慧图书馆发展的。在要素论的视角下，人们可以通过观察和理解这些基本要素，对智慧图书馆的性质和工作机制有更深入的了解。

三要素论强调了人、资源和空间这三个要素在智慧图书馆中的作用。其中，"人"是智慧图书馆服务的最终受益者，他们需要资源和空间来实现其学习和研究的目标。"资源"包括智慧图书馆收藏的所有物理和数字资料，它们是满足人们信息需求的基本工具。"空间"则为人们提供了学习和交流的场所，同时是资源的存储和展示之地。根据这一理论，技术被视为实现资源和空间最优利用的关键手段，而服务则被看作满足人们需求的灵魂。

五要素论进一步扩大了智慧图书馆的基本要素，包括资源、服务、技术、馆员和读者五个要素。根据这一理论，除了资源和空间，服务和技术也是智慧图书馆至关重要的要素。服务是智慧图书馆满足读者需求的方式，而技术则是提供服务和管理资源的重要工具。馆员和读者的作用也不容忽视，馆员通过运用新技术为读者提供创新性服务，而读者的需求和反馈则是驱动图书馆不断改进和发展的动力。

（五）综合论

综合论提供了一种理解智慧图书馆的全面视角，它将智慧图书馆视为一个整体，并考虑了所有相关的要素。与要素论不同，综合论并没有尝试将智慧图书馆分解为几个基本要素，而是认为所有的要素都是相互关联和互相影响的。在综合论的视角下，智慧图书馆被视为数字图书馆和新型图书馆的核心内涵，也被认为是未来图书馆发展的最高形态。综合论强调了信息技术在智慧图书馆中的重要作用，认为智慧图书馆应该利用最新的信息技术来提高服务效率，满足读者的需求，从而推动自身的发展。此外，综合论还强调了物理空间和实体资源在智慧图书馆中的重要性，认为虽然信息技术的发展促进了智慧图书馆的发展，但物理空间和实体资源仍然是智慧图书馆不可或缺的一部分。

二、智慧图书馆概念的界定

虽然目前关于智慧图书馆的概念并没有统一的定论，但综合不同的观点，笔者认为可以对智慧图书馆的概念做以下界定：智慧图书馆是一个集高质量信息资源、高素质馆员、读者协同感知、高科技手段和智慧化建筑于一体的智能化图书馆。它以数字图书馆为基础，利用先进的技术和创新的服务模式，通过馆员和读者之间的协同合作，为读者提供个性化的信息和知识服务。

智慧图书馆的核心目标是为读者提供更加便捷、高效、个性化的服务。它通过整合和管理丰富的数字资源，如电子图书、数据库等，为读者提供全方位的信息获取和学习支持。智慧图书馆还可以通过智能化技术，如大数据分析、人工智能和机器学习等，对读者的需求和行为进行深入分析，从而实现个性化推荐和定制化服务，进而提升读者体验和满意度。

智慧图书馆的馆员发挥着重要作用。他们不仅具备专业的图书馆学知识和信息素养，还能灵活应用信息技术，与读者进行有效的沟通和协作，帮助读者解决信息需求和学习问题。

总之，智慧图书馆是数字图书馆发展的更高级阶段，它通过集成资源、技术、人才、服务和建筑，为读者提供个性化、智能化的信息和知识服务，并创造优质的阅读、学习和研究体验。

第二节 智慧图书馆的特征

一、互动性

智慧图书馆以其高度互动性特征，彻底改变了传统图书馆被动、单向的信息提供模式，构建了一种更加活跃、更加个性化的信息服务新模式。这种互动性主要体现在以下几个方面。

（一）读者与图书馆的互动

智慧图书馆的读者不再是被动接受服务的一方，而成为服务的主动参与者。他们可以通过各种渠道与智慧图书馆进行交互，如使用移动应用程序预约图书、自助借阅、远程获取电子资源，还可以对智慧图书馆的服务进行反馈。这种互动可以让智慧图书馆更加了解读者的需求，从而为读者提供更贴心的服务。

（二）读者与资源的互动

智慧图书馆借助现代信息技术，使得读者可以更直观、更方便地获取和使用馆藏资源。例如，读者可以通过搜索引擎找到需要的信息，可以在线阅读电子图书和期刊，可以使用数据挖掘和可视化工具分析复杂的信息资源，还可以对资源进行评论、标注和分享，增加资源的价值。

（三）读者与读者的互动

智慧图书馆鼓励并促进读者之间的交流与合作。例如，读者可以在智慧图书馆的社区论坛中分享读书心得、参与在线讨论、解决学术问题，也可以参加智慧图书馆举办的线上线下活动，如阅读俱乐部、学术研讨会等，以增进与其他读者之间的交流。

二、智能化服务

智慧图书馆的一个显著特点是其智能化服务。这种服务以现代信息科技、人工智能和大数据技术为支撑，可以使智慧图书馆的服务变得更加智能、便捷和个性化。这种智能化服务主要体现在以下几个方面。

（一）智能化搜索和推荐

利用人工智能和大数据技术，智慧图书馆可以提供智能化的搜索和推荐服务。例如，通过深度学习算法，智慧图书馆的搜索引擎可以理解读者的查询意图，为其提供更精确的搜索结果；通过分析读者的浏览和借阅历史，智慧图书馆可以为读者推荐其可能感兴趣的资源。这种个性化的推荐可以大大提高读者的满意度和智慧图书馆资源的使用效率。

（二）自助服务

智慧图书馆大量应用自助服务设备，如自助借还书机、自助打印机等，从而读者可以在任何时间享受服务。除此之外，通过使用移动应用程序，读者可以在线预约图书、续借图书、查询馆藏信息等，极大地提高了服务的便捷性。

（三）智能客户服务

许多智慧图书馆使用聊天机器人来提供 24 小时的客户服务。这些聊天机器人可以回答读者的常见问题，如开馆时间、图书的借阅规则等。如果机器人无法解答读者的问题，会自动将问题转给图书馆的工作人员，确保用读者的问题能够得到及时解决。

（四）数据分析和服务优化

智慧图书馆通过收集并分析大量的读者数据，了解读者的需求和行为模式。例如，智慧图书馆可以通过分析读者的借阅历史和搜索历史，得出读者的阅读习惯和信息需求，进而调整馆藏策略和服务策略；还可以通过大数据技术，发现服务中存在的问题，以优化服务流程和提高服务质量。

（五）智能化设施

智慧图书馆应用了大量的智能化设施，如智能导航、人脸识别等，大大提高了服务的便捷性。具体来讲，通过智能导航，读者可以轻松找到所需图书的位置；通过人脸识别，读者可以快速进入图书馆，提高了安全性和效率。

三、数据驱动

智慧图书馆是一个数据驱动系统，利用大数据分析技术与方法，可以更好地了解读者需求，优化服务流程，提高工作效率。数据驱动主要体现在以下几个方面。

（一）读者行为分析

智慧图书馆通过收集和分析读者的借阅历史、搜索历史、阅读时间、互动评论等数据，深入了解读者的信息需求、阅读习惯和使用行为，据此优化搜索引擎，从而为读者提供更个性化的推荐服务，提高读者满意度。

（二）馆藏策略优化

通过分析读者的图书借阅次数、在线阅读次数、读者评价等数据，馆员可以了解哪些图书更受欢迎，哪些图书的需求量较大，哪些图书可能需要淘汰，从而可以优化采购决策，调整馆藏结构，提高资源利用率。

（三）服务流程优化

智慧图书馆通过收集和分析服务数据，如借阅流程的时间、自助设备的使用率、读者的反馈意见等，可以找出服务中存在的问题，从而优化服务流程，提高服务效率。

（四）预测分析

利用大数据和人工智能技术，智慧图书馆可以进行预测分析。例如，可以预测图书的借阅需求，也可以预测读者的信息需求，还可以预测来馆的读者人数。这就需要馆员根据预测情况安排相应的工作，如是否需要提前采购需求量大的图书，是否需要安排更多的工作人员接待更多的读者。

（五）决策支持

大数据技术不仅可以帮助智慧图书馆做出日常决策，还可以帮助智慧图书馆制定长期规划和战略决策。例如，通过分析读者数据，帮助智慧图书馆了解读者的需求变化趋势，预测未来的服务需求；通过分析社会和科技的发展数据，帮助智慧图书馆了解信息科技的发展趋势，制定未来的技术路线。

四、全方位接入

智慧图书馆的全方位接入是其核心特征之一。全方位接入意味着读者可以在任何时间、任何地点、通过任何设备接入智慧图书馆的资源和服务。这种全方位接入主要体现在以下几个方面。

（一）多平台接入

智慧图书馆兼容多平台，包括网页、移动应用、自助服务终端等，使得读者可以在任何设备上享受相关服务。例如，读者可以在家里的电脑上查询馆藏信息，也可以在手机上预约借书，还可以在图书馆的自助终端上借阅图书。

（二）24 小时服务

智慧图书馆提供 24 小时服务，读者可以不受时间限制地查找信息、下载电子资源、咨询问题。此外，许多智慧图书馆还使用聊天机器人提供 24 小时的在线客户服务，解答读者的常见问题。

（三）移动图书馆

通过移动应用程序，读者可以在手机或平板电脑上享受智慧图书馆的各项服务。例如，读者可以在线借阅电子图书，可以阅读电子期刊，可以参与智慧图书馆的线上活动，可以接收智慧图书馆的最新消息和通知，如新书上架、活动预告等。

（四）远程服务

智慧图书馆充分利用互联网和云计算技术，提供远程服务，这样读者无需亲自到智慧图书馆，就可以获取和使用馆藏资源。例如，读者可以在线访问电子图书和数据库，可以通过视频会议参与智慧图书馆的学术讲座，可以远程参加智慧图书馆的培训课程。

（五）个性化接口

智慧图书馆重视读者体验，为读者提供了个性化的接口设计。例如，读者可以自定义搜索引擎的设置，可以调整阅读器的字体和背景，可以设置移动应用的提醒和通知。这种个性化接口可以让读者更方便、更舒适地享受智慧图书馆的服务。

五、资源数字化

资源数字化是智慧图书馆的核心特征之一，它大大提高了信息的可获取性和可用性。智慧图书馆拥有多元化的数字资源，包括但不限于电子书和电子期刊、音视频、数据库和电子地图等。以下是这个特征的几个主要方面。

（一）电子书和电子期刊

电子书和电子期刊是最常见的数字资源类型，包括各类书籍、学术论文、杂志等。这些资源可以随时随地被访问和下载，为读者提供了极大的便利。

（二）音视频资源

音视频资源包括各类录像、电影、音乐等。这些资源为读者提供了丰富的视听体验，能够满足读者在教育、娱乐、学术等方面的需求。例如，智慧图书馆通过提供学术讲座的录像或者历史事件的纪录片，帮助读者更好地理解和学习某一主题。

（三）数据库

数据库是重要的数字资源，包括各种类型的数据集，如统计数据、科研数据、商业数据等。这些数据可以帮助读者进行深度的研究和分析，如社会学者可能需要使用人口统计数据，商业分析师可能需要使用商业数据。

（四）电子地图

电子地图是一种特殊的数字资源，包括地形图、卫星图、城市规划图等。这些地图可以帮助读者进行地理研究，或者了解某一地区的情况。

（五）特殊类型的数字资源

智慧图书馆还提供一些特殊类型的数字资源，如虚拟现实（virtual reality，VR）内容、增强现实（augmented reality，AR）内容、3D模型等。这些资源为读者提供了全新的交互体验，使得学习和探索变得更加有趣和生动。

六、开放性

智慧图书馆的开放性特征主要体现在资源共享、开展合作、开放的知识服务平台、开放数据和接口等方面。这一特征不仅使得信息和知识资源得到更加广泛的传播，也提高了资源利用效率和服务质量。以下是这个特征的几个主要方面。

（一）资源共享

智慧图书馆通常会与其他图书馆、教育机构、研究机构等共享书籍、期刊、数据库、多媒体等资源。共享的形式包括互相链接、数据交换、联盟或合作。资源共享使得读者可以访问更广泛的信息，这也提高了资源利用率。

（二）开展合作

智慧图书馆通常会与其他机构开展合作，旨在共同提供服务或开展项目。例如，智慧图书馆可能会与学校合作，共同提供教育服务；可能会与研究机构合作，共同开展学术研究；可能会与企业合作，共同提供商业服务。通过与其他机构开展合作，智慧图书馆可以汇集各方优势，提高服务质量和效率。

（三）开放的知识服务平台

智慧图书馆通常会建立开放的知识服务平台，允许读者、合作伙伴、公众在此平台上共享信息、交流知识、合作创新。这种平台可能包括论坛、博客、社区等，也可能包括各种互动和社交软件。开放的知识服务平台使得智慧图书馆成为一个真正的知识社区，促进了知识的创新和传播。

（四）开放数据和接口

智慧图书馆通常会开放其数据和接口，使得其他机构和开发者可以利用这些数据和接口，开发新的应用或服务。例如，智慧图书馆开放其馆藏数据，使得其他图书馆可以查询和借用其资源；开放其搜索接口，使得其他网站可以嵌入其搜索服务。开放数据和接口不仅提高了资源的利用效率，也促进了服务的创新和多样化。

第三节　智慧图书馆的构成

智慧图书馆主要由技术要素、服务要素、资源要素、设备要素和馆员要素五个要素构成，如图 1-1 所示。

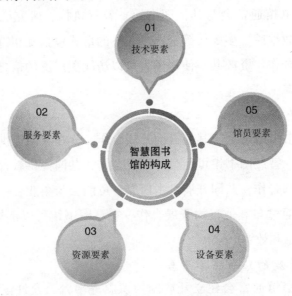

图 1-1　智慧图书馆的构成

一、技术要素

在构建智慧图书馆时，技术要素占据了至关重要的地位。智慧图书馆将传统图书馆的实体藏书和服务与先进的数字技术相结合，为读者提供个性化、高效、便捷的信息服务。智慧图书馆的技术要素主要包括以下六项。

（一）信息化技术

信息化技术是构建智慧图书馆的基础，主要包括数据库管理系统（database management system，DBMS)、数据仓库和数据挖掘技术。

DBMS是用于存储、管理和检索智慧图书馆资源的工具。通过运用DBMS，馆员能够方便地对数据进行增、删、改、查等操作，从而提高工作效率。DBMS还可以保障数据安全，如通过权限控制防止非法访问。

数据仓库和数据挖掘技术是用于存储和分析大量数据的工具。数据仓库可以集中存储来自各个来源的数据，且便于统一管理和查询。数据挖掘技术可以从数据仓库中发掘有用的信息，帮助智慧图书馆了解读者的阅读偏好，以提供更个性化的服务。

信息化技术的应用使得智慧图书馆的工作更加高效，同时有利于提升智慧图书馆的服务质量。智慧图书馆可以通过信息化技术为读者提供在线查询、预订和借阅等服务，给读者带来更大的便利。

（二）云计算和大数据技术

云计算是一种基于网络的计算模式，主要提供计算资源和服务。大数据是指以体量大、种类多、处理速度快为特征的数据集合，它对捕捉信息、发现规律、预测趋势具有重要价值。

云计算和大数据技术可以为智慧图书馆的发展带来很多好处。首先，云计算可以提供弹性的存储和计算资源，无需智慧图书馆投入大量资金购买硬件设备。因此，智慧图书馆可以根据业务需求动态调整资源，降低运营成本。其次，云计算可以为智慧图书馆提供数据备份和灾难恢复功能，有利于保障数据安全。

大数据技术则可以帮助智慧图书馆对海量数据进行分析，从而获得有价值的信息。例如，通过分析读者的搜索记录和阅读记录，智慧图书馆可以了解读者的阅读习惯和兴趣，从而提供更个性化的推荐服务。此外，大数据技术还可以用于智慧图书馆的决策支持，如根据大数据技术对图书借阅率的分析，智慧图书馆可以优化图书的采购策略。

（三）人工智能技术

人工智能技术是构建智慧图书馆的核心技术。人工智能可以模拟和扩展人类的智能，如进行语言理解和决策制定。机器学习是一种数据驱动的人工智能方法，通过训练模型从数据中学习规律。

人工智能技术在智慧图书馆中有广泛的应用。例如，自然语言处理（natural language processing，NLP）可以用于智能问答系统，如读者用自然语言提出问题，系统会自动回答该问题。这种服务可以大幅提升读者的查询效率。

机器学习也在智慧图书馆中发挥着重要作用。通过对读者行为数据的学习，机器学习模型可以预测读者的阅读偏好，从而为读者提供个性化的推荐服务。机器学习还可以用于智慧图书馆的运营管理，如通过预测图书的借阅率，帮助智慧图书馆优化图书的采购和排列结构。

（四）物联网技术

物联网将物体通过网络连接起来，目的是实现信息的交互和共享。物联网技术的应用使智慧图书馆的服务更加智能化和自动化，同时提升了读者的体验感。针对智慧图书馆，涉及的物联网技术主要包括射频识别（radio frequency identification，RFID）和传感器。

RFID可以用于图书的自动化管理，如自动借阅和归还。读者只需要将带有RFID标签的图书放到识别设备前，就可以完成借阅和归还操作，大大提高了智慧图书馆的服务效率。

传感器则可以用于智慧图书馆环境的智能管理，如通过温度传感器和湿度传感器，可以自动调节馆内的环境温度和湿度，为读者提供舒适的阅读环境。此外，通过运动传感器和摄像头，还可以实现安全监控，保障智慧图书馆的安全。

第一章 初识智慧图书馆

（五）VR 与 AR 技术

VR 和 AR 是近年发展迅速的新兴技术。其中，VR 技术可以创建一个全新的、沉浸式的虚拟环境，让读者感觉置身真实的环境中。AR 技术则是在现实世界中叠加虚拟信息，为读者提供富有趣味性和互动性的体验。VR 和 AR 技术在智慧图书馆中的应用使得智慧图书馆的服务更加立体和生动。例如，VR 技术可以用于虚拟导览，这样读者在家中通过 VR 设备就可以熟悉图书馆的环境；AR 技术可以用于历史文物的三维展示，从而使得文物的展示更加直观和生动。

（六）网络安全技术

在智慧图书馆中，网络安全技术是至关重要的。随着数字化和网络化的发展，智慧图书馆需要处理大量的读者数据，如何保障这些数据的安全就显得尤为重要。只有保障了数据的安全，智慧图书馆的数字化服务才能得到读者的信任，智慧图书馆的发展才能得到保障。

网络安全技术主要包括数据加密、防火墙和入侵检测系统。数据加密是指通过算法将明文数据转换为密文，以防止数据在传输过程中被窃取。防火墙主要用来防止非法访问和网络攻击，它可以过滤恶意的网络流量，保护智慧图书馆的内部网络。入侵检测系统则是用于检测和报告网络攻击的工具，它可以帮助智慧图书馆及时发现并处理安全问题。

二、服务要素

构建一座智慧图书馆，不仅需要先进的技术，还需要丰富和全面的服务。智慧图书馆的服务应以满足读者需求为核心，提供优质、便捷、个性化的信息服务。智慧图书馆的服务要素主要包括以下五项。

（一）借阅服务

借阅服务是智慧图书馆不可或缺的功能元素，即使在数字化和在线服务日益重要的今天，依然扮演着至关重要的角色。实体图书能够带来独特的阅读体验，提高阅读的质量和深度。智慧图书馆的使命就是把这种传统服务和现代科学技术有机结合，以实现服务效率的最大化和读者体验的最优化。

智慧图书馆通过运用现代科技，如 RFID，缩短了读者的等待时间，提升了读者的体验感，显著提高了实体图书借阅服务的效率和便捷性。

智慧图书馆的智能化图书管理系统为读者提供了准确、即时的图书信息服务。读者可以通过在线平台获取图书的详细信息，如图书的状态（是否在库、是否被预订等）及图书的位置等。这一便捷的服务增加了读者找到他们需要图书的可能性，提升了他们的满意度。

除此之外，预约服务也是智慧图书馆的一项借阅服务。通过智慧图书馆的在线平台，读者可以预约他们想要借阅的图书。当图书在库时，智慧图书馆的工作人员会及时通知读者。这一服务省去了读者多次前往图书馆的麻烦，大幅度提升了智慧图书馆服务的便利性。

（二）数字资源服务

数字资源服务是智慧图书馆的基础服务之一，也是智慧图书馆为读者提供信息服务的主要方式。随着互联网和数字技术的发展，数字资源服务已经从提供电子图书和电子期刊扩展到提供各种类型的数字资源，包括音视频、图像、数据集等。具体而言，智慧图书馆的数字资源服务主要包括以下几项。

1.提供丰富多样的数字资源

智慧图书馆提供的数字资源主要包括各学科领域的电子书籍、期刊、报告、论文等。除了购买或租赁的商业数据库外，智慧图书馆还收集和整理开放获取的学术资源，以提供更全面的信息服务。此外，智慧图书馆还可以创建和维护专题数据库，如地方史数据库、民族文化数据库等，以满足特定群体的需求。

2.提供便捷高效的检索服务

智慧图书馆在数字资源服务方面不仅提供丰富多样的内容，更重要的是提供便捷高效的检索服务。这一服务是通过构建强大的在线检索平台实现的，这个平台包括智慧图书馆所有的数字资源，且这个平台拥有强大的检索功能，能够快速、准确地找到读者需要的信息。

智慧图书馆的检索服务采用先进的信息检索技术和搜索引擎，不仅支持关键词搜索、模糊搜索、布尔搜索、语义搜索等多种搜索模式，还支持多语言搜索和交叉数据库联合检索，以提供更全面的搜索结果。除此之外，为了帮助读者更好地利用检索系统，智慧图书馆还提供各种在线教程和指南，包括如何使用检索系统、如何选择和使用关键词、如何使用和评价搜索结果等。

3. 提供友好的数字资源使用服务

在数字资源服务方面，智慧图书馆注重提供友好的使用服务，包括优化数字资源的呈现方式、提供多种格式的下载选项及提供各种在线阅读工具和辅助功能。

为了优化数字资源的呈现方式，智慧图书馆的电子书和电子期刊通常提供 HTML 和 PDF 两种格式，以适应不同读者的阅读习惯。同时，这些资源还配有高质量的图表，以及便捷的文本导航功能，如目录链接、章节跳转等。

在提供多种格式的下载选项方面，智慧图书馆的数字资源通常支持全文下载、章节下载和页面下载等多种方式，以满足读者在不同设备和环境下的阅读需求。同时，这些资源还支持在线阅读，读者可以直接在浏览器或手机软件中阅读，无需下载。

在提供在线阅读工具和辅助功能方面，智慧图书馆的数字资源通常配备文本放大或缩小、字体改变、背景色调整、注释、书签、搜索等功能。同时，为了满足视觉障碍人士的阅读需求，智慧图书馆还提供了屏幕阅读器等辅助设备。

（三）在线服务

在线服务是实现读者随时随地获取智慧图书馆服务的重要方式，无论是在线咨询服务、在线借阅服务，抑或是各种辅助功能，都为读者提供了前所未有的便利。智慧图书馆的在线服务主要包括在线问答服务、在线教育服务和在线借阅服务。

数智技术赋能智慧图书馆建设研究

在线问答服务借助即时通信工具，可以实现读者实时向图书馆工作人员提问并获取答复，不再受地理位置和工作时间的限制。在某些情况下，智慧图书馆还可能使用聊天机器人提供 24 小时的在线问答服务。通过这种方式，读者可以得到即时的帮助，同时增强了智慧图书馆服务的时效性和实用性。

在线教育服务为读者提供了一个学习平台，读者可以通过该平台参加智慧图书馆的各种培训课程，学习如何进行信息检索、文献管理及其他相关的技能。这些课程既有同步的线上课堂，也有异步的录播课程。通过这种方式，读者不仅是在获取信息，更是在培养和提高信息素养及终身学习能力。

在线借阅服务是智慧图书馆的一个重要的在线服务，包括电子图书的在线阅读和下载、实体图书的在线预约和自助借还。对于电子图书，读者可以直接在智慧图书馆的平台上阅读或下载，无需前往图书馆，既节省了时间，又提高了效率。对于实体图书，读者可以在智慧图书馆的自助服务站点借阅和归还，这样既为读者提供了方便，又提高了智慧图书馆的服务效率。

（四）个性化服务

个性化服务是智慧图书馆的重要特色，它致力于为每一位读者提供与其需求和兴趣相符的服务。人工智能技术，特别是读者画像技术和推荐系统，为实现这一服务提供了可能。

首先，智慧图书馆可以通过构建读者画像，了解读者的兴趣和需求。读者画像是对读者特征和行为的综合描述，包括基础属性（如性别、年龄、职业）、行为特征（如阅读历史、搜索行为）和兴趣偏好（如喜欢的主题、作者）。通过分析这些数据，智慧图书馆可以深入了解每一位读者，从而提供更符合其需求的服务。

其次，智慧图书馆可以利用推荐系统，为服务提供个性化的阅读推荐。推荐系统通过分析读者行为和特性，预测读者的喜好，从而为读者推荐他们可能感兴趣的书籍。通过这种方式，读者可以发现自己可能感

018

兴趣但尚未发现的书籍，从而提高阅读的满意度。

最后，智慧图书馆可以提供个性化的信息导航服务。例如，智能问答系统可以通过理解读者的自然语言，为其提供精准的答案；阅读列表和主题页面可以根据读者的兴趣和需求进行定制。

（五）辅助服务

辅助服务是智慧图书馆的基础服务，是确保智慧图书馆正常运行和提供其他服务的前提。辅助服务包括设施服务、无障碍服务、安全服务等。

1.设施服务

设施服务是智慧图书馆的重要基础服务，为智慧图书馆的正常运行提供了基础设施，包括但不限于阅览空间、个人学习区、团队协作区、电源插座、无线网络等。智慧图书馆注重设计舒适、安静的阅览空间，供读者进行深度学习。个人学习区则独立、安静，以满足个人的学习和研究需求。团队协作区为团队学习和讨论提供了便利。此外，充足的电源插座和快速稳定的无线网络也是设施服务中必不可少的部分，这些设施可以保证读者顺畅地使用笔记本电脑、平板电脑、智能手机等电子设备进行学习和工作。

2.无障碍服务

无障碍服务是智慧图书馆关注所有读者需求的一项重要服务，目标是创造一个对所有人（无论他们的身体能力如何）开放的图书馆环境，并为他们提供无障碍服务，包括设施无障碍、信息无障碍和服务无障碍等。设施无障碍是指智慧图书馆的建筑和设施要符合无障碍设计标准，如设置无障碍入口、电梯、洗手间等。信息无障碍则涵盖数字资源和网站的无障碍设计，如提供字幕或朗读服务、使用清晰的字体、设计易于使用的界面等。服务无障碍则是通过提供各种无障碍服务，如盲文图书、触觉图书、手语翻译等，满足不同读者的需求。

3.安全服务

安全服务也是智慧图书馆的一项重要基础服务，目标是为读者和图书馆的资产提供安全的环境，包括消防安全、物品安全和信息安全等。消防安全包括合理的消防设施布局和规范的消防演练，以及定期的消防设施检查和维护，以确保智慧图书馆在火灾等突发情况下的安全。物品安全则是通过视频监控、物品防盗系统和规范的管理流程，保护智慧图书馆的资产和读者的私人物品不受损失。信息安全则是通过防病毒、防黑客、数据备份和隐私保护等措施，保护智慧图书馆的数字资源和读者的个人信息安全。

三、资源要素

（一）纸质书籍

在智慧图书馆的构成中，纸质书籍依然扮演着至关重要的角色。电子化和数字化的快速发展，并没有取代纸质书籍的价值。纸质书籍不仅是知识和信息的载体，还是图书馆的基石，更是人类文化和历史的实体存档。

纸质书籍为读者提供了独特的阅读体验。纸质书籍散发出的油墨香气、握在手中的实感、翻动纸页的声音，都给人一种舒适、亲近的感觉。这种全方位的感官体验是电子资源无法比拟的。此外，纸质书籍更有利于阅读者注重细节和深度阅读，相比之下，电子资源往往容易导致阅读者的碎片化阅读和注意力分散。

此外，纸质书籍的持久性和稳定性是电子资源无法匹敌的。纸质书籍不受技术变革、电力供应等因素的影响，只要妥善保管，就可以长久保存。这对保护人类的知识遗产，特别是一些古籍和珍贵的出版物，具有重要意义。

然而，纸质书籍的收藏和管理也面临着挑战。例如，纸质书籍的购置、运输和保管成本较高，空间需求较大，而且纸质书籍易受环境因素，如湿度、光照等的影响。因此，智慧图书馆需要找到一种有效的方式，既能保护和保持纸质书籍的价值，又能有效地管理和利用纸质书籍。

（二）电子资源

电子资源是智慧图书馆资源要素的一个重要构成部分。电子资源涵盖电子书籍、在线期刊、数据库、数字档案、音视频等多种形式的信息和知识。电子资源以其独特的优势，正在快速地改变图书馆的服务方式和读者的阅读习惯。

首先，电子资源的访问性和可搜索性大大提高了信息获取的效率。读者只需要一部可以连接网络的电子设备，就可以随时随地访问大量的电子资源。同时，通过搜索引擎和关键词搜索，读者可以快速准确地找到所需的信息。

其次，电子资源的分享性和互动性也是其独特的优势。读者可以十分方便地分享电子资源，进行协作学习和研究。同时，一些电子资源还支持读者进行评论，增加了阅读的互动性和趣味性。

当然，电子资源的管理和利用也面临着挑战，如电子资源的版权问题、电子资源的质量和可信度问题、电子资源的安全问题等。因此，智慧图书馆需要建立一套有效的电子资源管理系统，保证读者合法、安全、高效地利用电子资源。

（三）空间资源

空间资源是智慧图书馆资源要素的又一重要构成部分。空间资源包括图书馆的阅读空间、活动空间、研究空间等。

1. 阅读空间

阅读空间是图书馆的基础空间资源，也是图书馆服务的核心环节。智慧图书馆的阅读空间不仅包括传统的阅览座位，还包括舒适的休闲阅读区，以适应读者不同的阅读需求和阅读习惯。此外，智慧图书馆的阅读空间还提供各种必要的设施，如灯光、插座、无线网络等，以满足读者使用电子设备阅读的需要。智慧图书馆阅读空间的设计还考虑到了特殊人群的阅读需求，如为视障读者提供有声读物和盲文图书，为听障读者提供带字幕的电子资源等。

2. 活动空间

活动空间是智慧图书馆的重要空间资源之一，为开展各种文化活动和社区活动，如讲座、展览、读书会、创客活动等，提供了场地。这些活动不仅有助于丰富读者的阅读体验，也有助于促进社区的互动和交流。活动空间的设计需要秉持灵活和多功能的原则，以适应不同类型和规模的活动。活动空间也需要配备相关的设备，如音响、投影、舞台等。

3. 研究空间

研究空间也是智慧图书馆的重要空间资源之一，主要为高级读者和研究者提供服务。研究空间通常包括个人研究室、团队讨论室、数据分析工作站等。这些空间提供了安静、独立的学习环境，方便读者进行深度学习和研究。研究空间还配备了高性能的计算设备、专业的研究软件和大量的数据资源，支持读者进行数据分析、文本挖掘、可视化等高级研究活动。

四、设备要素

智慧图书馆的设备要素主要包括自助服务设备和阅读设备两项。

（一）自助服务设备

自助服务设备对智慧图书馆服务的优化起着重要的作用。自助服务设备的种类繁多，包括自助借阅机、自助还书机、自助续借机、自助打印机等。这些设备使得读者在不需要馆员直接帮助的情况下，也能完成借阅、归还、续借和打印等各种操作。这种新型的服务模式提高了智慧图书馆的服务效率，大大节省了馆员的工作时间和精力，也方便了读者。

使用自助服务设备，读者无需排队等待馆员的服务，可以显著减少等待时间，从而有利于极大地增强读者的满意度和智慧图书馆的服务效率。而且，自助服务设备的工作时间不受限制，读者可以在任何时候使用这些设备，从而延长了智慧图书馆的服务时间。

自助服务设备的运用也带来了一些挑战。例如，如何保证设备的正常运行，避免设备故障对智慧图书馆服务的影响；如何让所有的读者，尤其是一些老年读者和不熟悉科技设备的读者，都能熟练地使用这些设备；如何保证设备的安全性，防止设备被恶意破坏或者数据被盗用等。这些都需要智慧图书馆在使用自助服务设备时，有充分的考虑。

（二）阅读设备

智慧图书馆的阅读设备，如电子书阅读器、电脑、平板电脑等，都为读者接触和使用电子资源提供了重要平台，使得读者可以随时随地地阅读和获取信息，大大提高了阅读的便捷性和效率。阅读设备的使用，使得智慧图书馆的服务不再局限于实体空间，而且拓展到了网络空间。这对于读者来说，是一个非常重要的进步，意味着读者能够不受空间限制地享受智慧图书馆的服务。阅读设备还具有一些其他的功能，如搜索功能、注释功能、亮度调整功能等，这些都能够满足读者在阅读过程中的各种需求，提高阅读的舒适性和满意度。

五、馆员要素

智慧图书馆的馆员要素主要包括馆员的专业素养、馆员的服务意识和馆员的技术能力。

（一）馆员的专业素养

传统图书馆馆员的专业素养涵盖图书馆学、信息学等相关知识，包括但不限于图书信息的分类、编目、检索和管理，以及信息的获取、评估、整合和传播等。这些专业知识与能力使馆员能够有效地对图书馆的馆藏资源进行管理，满足读者对信息的需求。

智慧图书馆馆员的专业素养还需要进一步扩展和提升。他们需要熟悉各种电子资源的特点和使用方法，能够利用现代信息技术进行文献检索，了解和掌握信息资源的开发和利用。除此之外，他们还需要对信息伦理有深入的理解，保护读者的信息权益，确保信息资源的合理利用。

智慧图书馆馆员的专业素养还应包括对图书馆的服务理念和服务模

式的理解和把握，以及对图书馆管理和运营的了解。他们需要知道如何通过优质的服务满足和创新读者需求，如何通过管理提高图书馆的运营效率和服务质量，如何利用信息技术改进和优化图书馆的服务和管理。

（二）馆员的服务意识

馆员的服务意识是其职业精神的重要体现。传统图书馆馆员的服务意识主要体现在满足读者对图书信息的获取需求上，而智慧图书馆馆员的服务意识需要在此基础上进一步拓展——为以读者为中心，提供更加精准和个性化的服务。

智慧图书馆馆员需要熟悉读者的需求和行为，能够准确地推荐并提供符合读者需求的信息资源。他们需要运用信息技术进行读者需求分析和读者画像，预测和引导读者的需求，提供更具有针对性的服务。

智慧图书馆馆员也需要关注社区和社会的需求，将智慧图书馆打造为满足社区居民知识需求、促进社区文化发展、提供生活服务的中心。他们需要积极开展各种文化活动，推动知识传播和学习交流，提高智慧图书馆在社区中的影响力和服务价值。

（三）馆员的技术能力

智慧图书馆馆员的技术能力尤为重要。他们需要熟悉并能够运用各种信息技术，包括网络技术、数据库技术、大数据技术、人工智能技术等，进行图书信息的管理和服务。

他们需要掌握电子资源的管理和使用，能够进行电子文献的采集、存储、检索和利用。他们需要能够利用大数据和人工智能技术进行数据分析和知识发现，以为读者提供更精准和个性化的服务。他们需要掌握云计算和移动技术，以提供移动图书馆服务，满足读者移动阅读的需求。他们需要知道如何通过技术手段保障信息资源的安全，以确保图书馆信息系统稳定运行。

第四节　智慧图书馆的功能

一、检索和访问功能

（一）快速搜索功能

智慧图书馆的快速搜索功能能够在海量的数据中快速定位到读者所需要的信息，这需要大量的后端计算以及高效的数据组织和检索算法。每当读者在搜索框中输入一个关键词，搜索引擎都会在背后执行大量的计算，以确定最相关的搜索结果。

快速搜索功能的复杂性不仅体现在技术层面，还体现在为读者提供精确搜索结果的同时，还需要考虑到读者的信息需求。例如，读者可能对一本书的作者、出版日期、出版社等信息感兴趣，因此搜索结果需要提供这些详细信息。此外，对于学术性的搜索需求，搜索结果还需要提供文章的摘要、关键词、被引用次数等信息。

为了进一步提高搜索效率，智慧图书馆还提供高级搜索功能，由此，读者可以指定多个搜索条件，如关键词、作者、出版日期等，从而可以更精确地定位到所需的信息。同时，智慧图书馆还根据读者的搜索历史和偏好，为读者推荐相关的内容，进一步提升读者体验。

（二）跨平台访问功能

跨平台访问意味着读者可以通过各种设备（无论是电脑、平板电脑还是手机）访问智慧图书馆的资源和服务。这一功能对智慧图书馆的可用性和读者体验来说，均至关重要。

在技术层面，实现跨平台访问功能需要一种"响应式"设计，即智慧图书馆的网站和应用程序能够自动适应不同设备的屏幕大小和操作系统。这需要智慧图书馆的开发团队具有深厚的技术能力，以确保读者在任何设备上都能获得良好的使用体验。

同时，实现跨平台访问功能也需要智慧图书馆的服务能够适应不同的使用场景。例如，读者在家中使用电脑时可能需要进行深入的研究，而在公交车上使用手机时可能只需要快速查阅一些信息。因此，智慧图书馆需要提供适合各种场景的服务，以满足读者的不同需求。

跨平台访问功能的实现，大大扩展了智慧图书馆的服务范围。不论读者身处何处，都能方便地访问智慧图书馆的资源和服务，这无疑更符合现代人快节奏的生活方式。未来，随着技术的进步，智慧图书馆的跨平台访问功能将会更加完善，为读者提供更优质的服务。

二、个性化服务功能

（一）语音阅读功能

语音阅读功能在个性化服务功能中扮演着重要的角色。这一功能旨在为视力受限或进行多任务处理的读者提供便利。如今，语音阅读功能已经成为许多数字设备和应用程序的标准功能，而在智慧图书馆中，这项功能的应用更加广泛和深入。

智慧图书馆的语音阅读功能运用最先进的人工智能技术，将文本资源转化为有声资源。对于那些视力受限的读者，他们可以利用语音阅读功能听取图书、期刊等的内容，而无需借助其他人的帮助。对于那些在阅读时容易分散注意力的读者，语音阅读功能也能帮助他们更好地集中注意力，提高阅读效率。

然而，现在的语音阅读技术还不够成熟，语音听起来还略显生硬。未来，随着人工智能技术的发展，语音阅读功能将提供更加自然、富有感情的语音输出，让读者享受到更加丰富多彩的语音阅读体验。

（二）阅读推荐功能

阅读推荐功能是个性化服务功能的重要组成部分。这一功能基于读者的阅读历史和喜好，为读者智能推荐他们可能感兴趣的图书。这一功能的核心思想是通过一种名为协同过滤的机器学习技术分析读者的行为和选择，然后根据这些数据生成推荐。这一功能具有个性化和动态化的特点，能够满足读者独特和变化的阅读需求。

为了提供精准的阅读推荐，智慧图书馆需要收集和处理大量的数据，包括读者的阅读历史、搜索历史、书目评分、个人兴趣等。这些数据是推荐算法的基础，能够帮助智慧图书馆了解读者的阅读偏好。然后，推荐系统会从智慧图书馆的海量书目中，选出符合读者阅读偏好的书目进行推荐。

此外，阅读推荐功能也会考虑图书的质量和热度。推荐系统会通过分析读者对图书的评分和评论，判断该图书的质量和受欢迎程度。这样，推荐的图书不仅符合读者的个人兴趣，也有一定的质量保证。推荐系统也会时刻关注最新的图书和热门的图书，并将这些信息反馈给读者，帮助他们掌握最新的阅读趋势。

（三）阅读记录和书签功能

阅读记录和书签功能是智慧图书馆为读者提供的一种便利性服务。通过这项功能，读者可以保存他们的阅读进度，方便以后继续阅读。

阅读记录功能是通过记录读者在电子书籍或文章中的阅读位置，保存读者的阅读进度。当读者下次打开同一本电子书籍或文章时，他们无需浪费时间就可以直接从上次结束的位置开始阅读。这一功能对于读者来说非常重要，因为它可以让读者无需担心会忘记阅读的进度。

书签功能则是通过在电子书籍或文章中设置书签，帮助读者快速定位到特定的位置或信息。例如，读者在阅读一本专业书籍时，可以在某些重要的部分设置书签，以便在日后复习时快速找到这部分内容。此外，书签功能也可以帮助读者标记他们感兴趣的信息，方便以后查阅。

三、资源共享和在线讨论功能

（一）资源共享功能

智慧图书馆的资源共享功能具有开放、互联的特性，它使得智慧图书馆不再是一个封闭的空间，而是与全球的知识和资源紧密相连。这个功能也使得读者能够轻松获取到丰富的学习和研究资源。

资源共享功能主要通过网络平台实现，智慧图书馆与其他图书馆、教育机构共享电子图书、期刊、论文、数据等多种资源。无论读者身处何地，只需要通过智慧图书馆的平台，他们就可以访问到世界各地图书馆或相关机构的资源。这样，读者能够接触到更广阔的知识领域，从而更好地满足自身多元化的学习和研究需求。

资源共享功能带来了更高的资源利用效率。在传统的图书馆管理模式下，图书馆都独立采购和管理自己的资源，这不仅需要大量的人力、物力，还可能造成资源的重复采购和浪费。但智慧图书馆的资源共享功能可以解决这一问题，该功能可以促使图书馆之间互相利用彼此的资源，不仅节省了人力、物力，而且提高了资源的利用效率。

资源共享功能是互助合作精神的一种体现。图书馆都有自己的特色和优势，通过资源共享，可以达到优势互补、共享成果、共同推进知识的发展和传播的效果。

（二）在线讨论功能

智慧图书馆的在线讨论功能使得图书馆不再只是一个静态的阅读空间，而且是一个活跃的、开放的社区，读者可以在这里与其他读者交流思想、分享阅读体验。

在线讨论功能提供了多种交流形式，读者可以发帖讨论；也可以加入群组，与具有相同兴趣的其他读者进行深入交流，分享自己的阅读体验、书评、笔记；还可以提出疑问、求助，甚至可以组织线上读书会、讲座等活动。

在线讨论功能也使得读者能够得到及时的帮助。如果有读者遇到问题和困扰，他们可以通过发帖或将问题和困扰发到群组等多种方式得到其他读者的解答和帮助。这样的交流不仅可以提升读者的阅读体验，也可以增强读者之间的联系，有利于构建积极、友好的阅读社区。

四、数据管理和分析功能

（一）阅读统计功能

智慧图书馆的阅读统计功能是读者了解自身阅读习惯的重要工具。这项功能通过记录和分析读者的阅读行为，包括阅读时间、阅读量、阅读偏好等信息，为读者提供详细的阅读统计报告。

具体来说，阅读统计功能可以追踪读者在阅读过程中的各种行为，包括阅读的起止时间、阅读的速度、阅读的页数等。这些数据都会被智慧图书馆的系统记录下来，并整合成阅读统计报告。这个报告可以清晰地展示读者的阅读情况，让读者直观地了解自己的阅读习惯和状态。

阅读统计功能也可以分析读者的阅读偏好，如读者偏好的阅读时间段、阅读类型等。这些信息可以帮助读者了解自己的阅读倾向，以便于调整阅读计划，更好地满足自己的阅读需求。

阅读统计功能的目标是帮助读者更好地管理和规划自己的阅读，让读者能够根据自己的阅读习惯和偏好，制订更有效的阅读计划，提高阅读的效率和质量。同时，它也能提醒读者注意自己的阅读行为，防止过度阅读，保护眼睛健康。

（二）数据分析和趋势预测功能

数据分析和趋势预测功能是智慧图书馆优化服务的重要依据。这项功能通过对读者的相关数据进行深度分析，来识别读者的行为模式、阅读趋势，进而帮助智慧图书馆进行预测和服务优化。

数据分析功能首先会收集大量的数据，包括读者的阅读行为数据、图书馆的资源使用数据、读者的反馈和评价数据等。然后，这些数据会被送入智慧图书馆的数据分析系统，这个系统会使用各种数据分析算法和模型，提取出有价值的信息。具体来讲，数据分析功能可以通过分析读者的阅读行为数据，得出读者的阅读偏好、阅读习惯等；也可以通过分析图书馆的资源使用数据，得出哪些资源被使用得最多，哪些资源被忽视了；还可以通过分析读者的反馈和评价数据，得出读者对智慧图书馆的满意度以及对智慧图书馆服务的需求和期待。

基于这些分析结果，趋势预测功能可以预测出读者未来的阅读趋势，如未来读者会更偏好哪种类型的书籍、未来哪些资源会更受欢迎；也可以预测出读者的服务需求变化，从而帮助智慧图书馆确定需要增加哪些服务或者优化哪些服务。

第二章　智慧图书馆建设基础

第一节　智慧图书馆建设的目标

　　建设智慧图书馆并不是进行简单的技术堆砌，而是从图书馆自身发展需要出发，利用物联网、信息技术等高新技术，实现图书馆的全面升级。根据国内外学者的研究，笔者总结了四个智慧图书馆建设的目标，如图 2-1 所示。

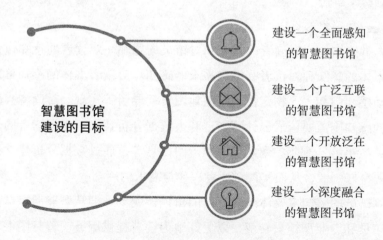

图 2-1　智慧图书馆建设的目标

一、建设一个全面感知的智慧图书馆

智慧图书馆借助物联网及相应的智能感知技术来实现全面感知，为读者提供智慧化服务和管理。全面感知的智慧图书馆是指通过物联网、人工智能等新兴技术，对馆内环境、读者行为、资源使用等进行全面、实时感知，以实现精准管理，并为读者提供个性化服务。具体而言，该目标的实现主要体现在资源感知、人员感知、环境感知和服务质量感知四个方面。

（一）资源感知

资源感知涉及对馆内设备、纸质文献资源及数字资源的感知。对馆内设备及纸质文献资源的感知主要依赖物联网技术，通过应用 RFID、红外线感应、激光扫描和物体定位系统等技术，根据特定的网络协议，将馆内设备和纸质文献资源链接到网络中，进行信息交换和通信，从而实现对它们的识别、定位、跟踪和管理。

对数字资源的感知主要依赖搜索引擎技术，但随着该技术的发展，如何让读者在海量信息中高效准确地找到所需信息，从而提高读者查找资源的效率，成为智慧图书馆建设中的关键问题。解决这个问题的办法是通过数据整合建立大数据分析平台，使用智能搜索算法，让读者快速感知到数字资源。

（二）人员感知

人员感知分为对读者的感知和对馆员的感知。对读者的感知包括对读者本体的感知和对读者兴趣与需求的感知。对读者本体的感知可以通过自动感知门禁、人物定位、馆内地图自动导引等实现。对读者兴趣与需求的感知则需要依靠云计算平台和大数据分析技术，根据读者的个人信息（如年龄、专业、爱好等）和借阅信息等，通过数据分析建立读者的资源喜好画像，从而实现对读者兴趣与需求的感知。

对馆员的感知主要体现在馆员的角色转变上，即从职能型馆员向服务型馆员和专业型馆员转变，以更好地为读者提供服务。智慧图书馆通过感知馆员工作的各个方面，与对读者的感知相结合，通过智能寻呼系统等平台将二者相联系，实现馆员与读者交流沟通的目的。

（三）环境感知

图书馆拥有大量藏书，且人员集聚，因此安全保护非常重要，尤其是消防安全。同时，图书馆的环境，如温度、湿度和光线，也需要得到适当的感知和调整，这对于拥有古籍和珍贵文献的图书馆尤为重要。在这方面，基于物联网的智慧图书馆的环境设备管理系统能够自动监测和调节馆藏环境，可以通过各种传感器模块实现对馆内环境的感知。这种感知系统可以自动检测空气质量，自动感知馆内温度、湿度，以防霉菌和虫害。智慧化的消防安保系统能够在发生地震、火灾等紧急情况下，帮助工作人员引导人员疏散。

（四）服务质量感知

服务质量感知是指读者对图书馆服务的期望与实际感知到的服务绩效之间的对比。智慧图书馆的建设目标是为读者提供更好的服务，因此，读者对智慧图书馆服务质量的感知非常重要，甚至可以用来评价智慧图书馆的建设水平。智慧图书馆可以利用人工智能、大数据等技术，对读者服务质量感知数据进行分析、评估，找出其中有价值的、中肯的评价，然后据此调整自身的服务内容和服务策略。

二、建设一个广泛互联的智慧图书馆

广泛互联的智慧图书馆的目标是借助互联网、物联网等技术，实现与读者、资源、设备、外部机构等的广泛互联，为读者提供无缝、便捷的信息服务。具体而言，该目标的实现主要体现在以下几个方面。

（一）读者互联

读者可以通过各种设备（如电脑、手机、平板电脑、智能手表等）和平台（如图书馆网站、移动应用、社交媒体等）接入智慧图书馆的服务。智慧图书馆可以借助互联网为读者提供 24 小时的无缝服务，包括在线查询、远程咨询、个性化推荐等。此外，读者也可以通过各种设备和平台与智慧图书馆互动，如提出咨询、分享经验、参与活动等。

（二）资源互联

智慧图书馆的所有信息资源（包括书籍、期刊、数据库、音视频、电子地图等）都可以通过网络进行互联，实现跨平台、跨设备、跨格式的无缝访问。读者可以通过统一的搜索接口，一次检索所有的资源；也可以通过统一的访问方式，无论在任何地方、任何时间，都可以访问到所需的资源。

（三）设备互联

在智慧图书馆中，各种设备和系统可以通过物联网技术进行互联，实现智能化的设备管理和服务提供。例如，智慧图书馆的借阅系统、目录系统、门禁系统、环境控制系统等可以通过网络进行协作。

（四）外部互联

智慧图书馆可以通过网络与外部机构（包括其他图书馆、教育机构、研究机构、社区、企业等）进行互联，实现资源共享、服务协作、知识交流等。例如，智慧图书馆可以通过联盟或合作的方式，与其他图书馆共享资源；可以与教育机构合作，提供在线课程；可以与社区合作，开展公共服务；可以与企业合作，提供技术支持或商业服务。

三、建设一个开放泛在的智慧图书馆

开放泛在的智慧图书馆的目标是实现资源共享，打造开放的知识服务平台，使读者能够随时随地获取和使用信息资源，从而提升自身的社会价值和影响力。具体而言，该目标的实现主要体现在以下几个方面。

（一）资源开放

智慧图书馆不仅提供自身的资源，也积极引入外部的资源，形成一个开放的资源库。其中包括与其他图书馆、数据库供应商、出版社、开放资源网站等进行合作，引入各种类型、格式、语种的资源。智慧图书馆鼓励读者参与资源建设，如提交个人作品、分享阅读笔记、编写资源评论等。资源开放不仅丰富了智慧图书馆的资源内容，也提升了智慧图书馆的服务质量。

（二）服务开放

智慧图书馆的服务不再局限于传统图书馆的借阅服务，而是通过一个开放的服务平台，提供信息咨询、学习辅导、技术支持、社区活动等各种形式的服务。智慧图书馆还与外部机构合作，共同为读者提供服务，如与社区合作开展公共活动，与企业合作提供职业培训等。服务开放不仅扩大了智慧图书馆的服务范围，也增加了智慧图书馆的社会价值。

（三）泛在接入

智慧图书馆借助物联网技术，提供智能化的接入服务，读者可以通过电脑、手机、平板电脑等设备，图书馆网站、移动应用、社交媒体等平台，以及网络、电话、邮件等方式，随时随地获取和使用智慧图书馆的资源和服务。泛在接入不仅提高了智慧图书馆服务的便利性，也提升了读者体验。

（四）社区开放

智慧图书馆也是一个开放的社区，鼓励读者积极参与和交流。智慧图书馆提供了各种供读者分享阅读体验、讨论学术问题、交流生活感悟等的平台，如论坛、博客、社交媒体等。智慧图书馆还举办各种活动，如讲座、展览、比赛、工作坊等，读者可以在参加活动的过程中互相学习、互相启发。社区开放不仅增强了智慧图书馆的互动性，也扩大了智慧图书馆的影响力。

四、建设一个深度融合的智慧图书馆

深度融合的智慧图书馆的目标是通过跨界合作，集成各种技术和资源，提供一体化的信息服务，增强自身的核心竞争力。具体而言，该目标的实现主要体现在以下几个方面。

（一）技术融合

智慧图书馆需要运用各种先进的信息技术，包括物联网技术、人工智能技术、大数据技术、云计算技术等，为读者提供智能化、自动化、个性化、智能化服务，同时提升自身的服务效率和服务质量。此外，这些技术可以相互融合，形成新的服务模式，如基于大数据的个性化推荐、基于云计算的资源共享、基于人工智能的智能咨询等。

（二）资源融合

智慧图书馆需要整合各种类型的资源，包括图书、期刊、数据库、音视频、电子地图、个人作品、社区内容等，从而形成一个全面、多元、动态的资源库。这些资源还可以相互关联，形成一个网络化、结构化的资源体系，这样读者可以更容易地找到、使用和创新这些资源。

（三）服务融合

智慧图书馆需要提供一体化的服务，即将各种服务集合在一起，形成一个无缝、连贯、高效的服务流程。例如，读者在搜索资源的同时，可以获取到相关的参考资料、学习指导、使用帮助等；在借阅书籍的同时，可以获取到相关的阅读推荐、读书笔记、读者评论等。通过服务的融合，可以提升读者的服务体验，增强读者的使用满意度。

（四）合作融合

智慧图书馆需要与各种机构，如其他图书馆、教育机构、研究机构、企业、社区等进行合作。通过合作，智慧图书馆可以引入更多的资源，提供更多的服务，吸引更多的读者；也可以共享技术、知识、经验，提升自身的影响力。

第二节　智慧图书馆建设的内容

一、智慧资源系统

智慧资源系统是智慧图书馆存在的根本，也是智慧图书馆建设中最重要的内容。该系统主要包括4个子系统：知识发现系统、数字资源定位系统、统一检索系统和特色资源管理系统，如图2-2所示。

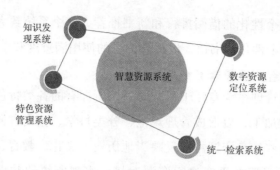

图 2-2　智慧资源系统构成

（一）知识发现系统

知识发现系统以数据仓储、资源整合、知识挖掘、数据分析、文献计量学模型等相关技术和方法为基础，旨在实现高效、精准、统一的学术资源搜索。这个系统可以通过对各种媒体表示的信息进行处理，根据不同的需求从中发现知识，将复杂异构数据库群进行集成整合，目的是从原始数据中提取有意义的、简洁的知识，屏蔽原始数据的复杂性。这个系统还可以通过分门别类、引文分析、知识关联分析等手段，实现高价值学术文献发现、深度知识挖掘、可视化的全方位知识关联，从而进一步提升读者的研究效率和研究质量。

（二）数字资源定位系统

数字资源定位系统利用数字资源借阅终端，能够使读者方便地查询各类数字资源的分布状况，并按需使用各类数字资源。这个系统对数字资源进行编目和定位，以可视化的方式展示资源的分布，读者可以通过关键词搜索、分类浏览、地图导航等方式，迅速找到所需的资源。此外，这个系统也可以根据读者的数字资源使用情况，进行数字资源的动态调配和优化，以保证数字资源的高利用效率。

（三）统一检索系统

统一检索系统的目标是提供一个强大、便捷、个性化的检索平台，以满足读者的多元化需求。这个系统不仅能与社交平台（如微博、QQ、微信等）进行无缝对接，还能与书评网、网上书店等进行互联互通，从而为读者提供个性化的借阅排行和新书推荐。这个系统致力于构建具有高读者黏性的个性化图书馆，以提升读者的使用满意度和忠诚度。

（四）特色资源管理系统

特色资源管理系统专注于智慧图书馆所拥有的各类特色资源的分类管理和数字化加工，以形成管理规范、分类科学、查询方便的特色资源服务体系。这些特色资源主要反映当地历史、文化、教育、科技等的发展历程，通过云服务平台进行资源对接，实现资源的共享和传播。此外，这个系统还可以根据读者的需求和反馈，不断优化资源的分类、展示、推荐等环节，提升资源的使用价值和影响力。

二、智慧管理系统

智慧管理系统的应用主体主要是智慧图书馆的管理者和馆员。智慧管理系统借助各种高新技术，并结合智慧图书馆的业务需求，来推动智慧图书馆管理的智慧化。智慧管理系统主要包括以下几个子系统。

（一）RFID 系统

RFID 是一种无线射频识别技术，通过无线电信号可以识别特定的目标并读写相关数据。RFID 技术在智慧图书馆建设中的应用已经非常广泛，成为智慧图书馆的重要技术标志之一。具体来讲，RFID 技术可以实现图书的自助借还，这可以大大简化借还流程，提升读者的借阅体验；也可以实现图书的自动分拣、盘点及安全防盗，这可以减轻馆员的工作压力，提高馆员的工作效率；还可以根据智慧图书馆的实际状况和需求开发出具有特色和个性化色彩的应用功能，最大限度地发掘和利用应用潜能。这样一来，RFID 系统的建设就成为智慧图书馆建设的基本任务，智慧图书馆的管理者需要根据图书馆的实际需求选择相对成熟的产品，同时要保证不同系统之间的互联互通，进而保证所采集的数据能够被各个应用系统使用。

（二）二维码技术

二维码能够表示高容量的文字、图形，甚至是声音等信息，二维码技术是现今在智慧图书馆中被广泛应用的一种技术。二维码可以提供无证借还服务，读者只需扫描二维码就可以借阅图书，省去了带证借书的烦琐步骤，提升了读者的借阅体验。二维码也可以提供资源使用指引信息，帮助读者更好地利用图书馆资源。二维码还可以提供馆藏类别和架位信息，帮助读者更快捷地找到自己需要的书籍。除此之外，图书简介及书评信息、图书馆发布的最新信息及相关的位置信息等也可以通过二维码分享给读者，方便读者快速了解一本书的内容，以及随时随地掌握图书馆的最新动态。而且，查询结果页面的电子资源链接也可以通过二维码下载至手机等终端，使读者能够更便捷地获取和使用电子资源。因此，智慧图书馆在建设过程中，可以通过二维码技术对部分图书及读者证、员工证进行改进，进一步丰富数据采集的方式，弥补 RFID 等技术存在的不足。

（三）智能定位系统

智慧图书馆需要实现对人员、馆藏资源和图书馆本身的位置的感知，这就需要借助智能定位系统。智能定位系统涉及馆内和馆外两个层面的定位。对于馆外定位，主要是通过全球定位系统（global positioning system，GPS）进行定位，这样可以实时感知读者的位置，结合大数据和云计算技术，可以为读者推送其周边的图书馆地点以及相关目的地等信息，还可以为读者提供全程的位置导航服务。而对于馆内定位，主要涉及人员以及馆藏资源的位置定位，主要使用 Wi-Fi 和 ZigBee 相结合的定位技术；其中以 Wi-Fi 定位技术为主，ZigBee 则作为 Wi-Fi 的补充来提高定位的精度。对馆藏资源的定位主要利用 RFID 智能感知技术，通过智能书架上的感知系统感知馆藏品上附载的 RFID 信息，然后将感知到的结果反馈到图书馆管理系统以及读者的移动设备上，从而实现对馆藏资源的实时定位。因此，智慧图书馆建设需要综合采用各类定位技术，使基于位置的服务能为读者、馆员及图书馆的管理创造更大的价值。

三、智慧馆员系统

智慧图书馆的建设对馆员提出了更高的要求，他们既要成为各类智慧应用系统的行家里手，又要成为解决读者问题的专家。智慧馆员系统是智慧图书馆的核心支撑系统，对提升智慧图书馆的整体管理能力和服务能力有着重要作用。智慧馆员系统的主要建设内容包括以下几方面。

（一）馆员工作站业务系统

馆员工作站业务系统是馆员开展图书管理业务的基础系统，主要用于图书信息核查、图书盘点、图书出借情况登记等工作。为了适应智慧图书馆的实际业务需求，技术人员需要进行有针对性的开发。具体来讲，通过此系统，馆员可以进行图书的录入、检索、借还、编目等操作，同时可以查看图书的历史借阅记录、了解图书的流通情况；也可以进行图书的盘点工作，对馆内图书的数量、分类、位置等进行实时更新和管理，确保馆藏信息的准确性；还可以及时处理读者的图书预约、续借、挂失等服务需求，提升读者的服务体验。总的来说，通过馆员工作站业务系统，馆员可以更有效地管理馆藏资源，更好地服务读者。

（二）馆员培训系统

智慧馆员培训系统是建设智慧馆员系统的必备平台。该系统不仅能满足集体培训的需求，也能满足个人培训的需求。该系统以馆员的学习需求为导向，提供了包括图书馆业务知识、智慧应用系统操作、读者服务技能等在内的培训内容，有助于馆员提升自己的业务能力。此外，该系统可以根据馆员的学习进度和对培训内容的掌握情况，进行个性化的推荐和指导，以提高学习效率；还可以提供在线测试和评估功能，帮助馆员了解自己的学习效果，并对照测试结果，对自己的学习进行调整和优化。总的来说，智慧馆员培训系统是一个功能完善的学习平台，为馆员的学习和进步提供了强大的支持。

（三）馆员任务管理系统

馆员任务管理系统可以根据馆员具体的工作任务，进行个性化的开发。例如，该系统可以对馆员的工作任务进行详细分解，并进行动态管理，以提高馆员的工作效率；可以根据馆员的工作特性，进行任务的智能分配和调度，以保证工作高效进行；可以实时跟踪和监控馆员的工作进度，对完成的任务进行确认，对未完成的任务进行提醒和催办，以确保所有的工作任务都能够按时完成；可以对馆员的工作质量进行评估，根据馆员的工作表现，对其进行绩效考核，从而为馆员的职业发展提供有力的支持。

（四）馆员综合管理系统

馆员综合管理系统是馆员进行自我管理、自助办理各项业务的信息系统。具体来讲，通过该系统，馆员可以进行日常的考勤打卡，查看自己的出勤情况，了解自己的工作时间和休假情况；也可以查看自己的工作绩效，了解自己的工作表现；还可以查看自己的职务等级，了解自己的职业发展情况。此外，该系统还支持财务收支功能，馆员可以查看自己的工资单，了解自己的收入情况。总的来说，馆员综合管理系统是一个功能全面的自我管理平台，为馆员提供了方便快捷的自我服务功能，也是智慧馆员系统的重要组成部分。

四、智慧服务系统

智慧服务作为智慧图书馆的核心功能，既包括图书馆传统服务的智慧化，也包括利用各种新技术提供的创新服务。智慧服务系统的建设是智慧图书馆建设的一项关键内容，主要包括自助服务系统、移动图书馆、个性化定制服务和特色服务四项内容的建设。

（一）自助服务系统

自助服务是智慧图书馆的重要特色，能满足读者自主选择服务的需求，同时能提升智慧图书馆的服务效率和水平。自助服务的具体项目包括自助办证、自助借还、自助打印、自助复印、自助扫描、自助馆内开放空间预约、自助电子资源检索、自助缴费等。重要的是，根据读者的实际需求，还可以不断开发新的自助服务项目，以为读者带来更多的便利。同时，自助服务也使得馆员有更多的精力提供更加专业的服务。在今天的社会，人们的生活节奏加快，对自我服务的需求也在增加，智慧图书馆的自助服务正好满足了人们的这一需求，既省去了读者在图书借阅中的麻烦，也大大提高了智慧图书馆的工作效率。

（二）移动图书馆

移动图书馆利用成熟的移动通信网络、互联网以及多媒体技术，让读者可以不受时间、地点的限制，通过各种便携移动设备（手机、手持阅读器和平板电脑等）方便地浏览、查询图书馆的资源。读者可以一站式查找并获取图书馆的纸本图书及电子资源，通过移动终端的 App 享受图书馆提供的一系列服务。移动图书馆的核心是提供一种全新的图书馆服务方式，使得读者无论在何处何时，都能利用移动设备查询馆藏资源。

（三）个性化定制服务

根据读者的兴趣爱好、职业特征及地理位置等，为其提供有针对性的个性化定制服务。具体的服务内容包括个性化图书推荐、个性化电子期刊订阅、个性化讲座推荐、个性化科技查新服务、个性化影视媒体欣赏安排等。个性化定制服务将结合读者的需求，不断优化完善，探索新的服务项目和服务模式，为读者提供更加贴合其实际需求的个性化服务。这种服务模式充分体现了以读者为中心的服务理念，使得智慧图书馆的服务更加具有个性化和人性化。

（四）特色服务

特色服务可以是智慧图书馆举办的独特的文化活动，如诗歌朗诵、作家讲座、特色书展等，也可以是针对特定群体提供的特色服务，如为视障人士提供的有声读物服务、为老年人提供的大字号书籍服务等。通过提供这些特色服务，智慧图书馆可以进一步提升服务质量、影响力和吸引力，更好地展现自身的独特魅力和文化内涵，同时更好地满足各类读者的需求。

五、智慧社交系统

构建强大的智慧社交系统不仅是智慧图书馆建设的重要内容，也是满足新一代读者需求的必然选择。智慧社交系统的建设应以"为读者提供融学习、社交和娱乐于一体的城市空间"为基本理念，结合线上线下融合发展的思路，为读者提供全方位支持。具体来说，智慧社交系统的建设内容包括以下四个方面。

（一）微信服务平台

微信服务平台是连接图书馆与读者的重要纽带。智慧图书馆可以通过多种方式完善微信服务平台的功能。首先，允许读者将借书证号绑定在微信号，这样读者就可以直接使用微信号进行图书借阅和场馆预约等操作。其次，允许读者通过微信号管理他们的个人图书馆账户，实时获取各种个人数据，包括借阅记录、借阅状态、罚款信息等。除可以实时获取罚款信息外，读者还可以利用微信服务平台缴纳各类逾期罚款、打印、复印及其他有偿使用的费用。另外，为满足读者可以随时随地获取馆藏资源的需求，微信服务平台提供电子文献、影视资源的获取途径；为满足读者对各种活动的预订需求，微信服务平台还提供讲座、影视节目演播的座次预订功能。最后，允许读者通过微信服务平台建立学科微信群，从而为促进各学科的发展提供服务。

（二）读者评价系统

读者评价系统是为读者提供的图书评价和分享读书心得的渠道。建立这样一套系统，可以鼓励读者更认真、更负责任地进行书评，这样既能提高图书的影响力，也能丰富智慧图书馆的服务内容。通过该系统，读者可以对所借阅的图书进行评价，并分享读书心得，这不仅可以帮助其他读者更好地了解图书的内容，也能创造一种读者之间互动交流的氛围。为了激励读者更多地参与图书评价，智慧图书馆可以开通积分系统，读者通过图书评价获取积分，获得的积分可以兑换智慧图书馆的各种服务，这样就形成了一个良性循环。

（三）读者荐购系统

读者荐购系统可以让读者参与到智慧图书馆的图书采购中来，当读者需要的书籍符合采购规定且馆内尚未有此书时，他们可以通过读者荐购系统向图书馆推荐这本书，图书馆则可以根据实际情况进行采购安排。因此，该系统不仅可以让智慧图书馆更好地了解读者的需求，也可以提升读者对智慧图书馆的满意度和归属感。

（四）合作客户渠道

为了加强与各类合作客户的交流和联络，智慧图书馆可以建立一条业务渠道，这条渠道可以是一个网上的平台，用于提交业务交流和业务联络的请求。合作客户可以是出版商、书店、地方文化资源提供者，也可以是其他图书馆以及其他与图书馆有业务往来的机构等。通过建立这样一条业务渠道，智慧图书馆可以进一步加强与这些合作客户的合作，简化业务流程，为自身的发展创造更多的机会。

第三节　智慧图书馆建设的原则

一、规范化原则

规范化原则主要包括智慧图书馆内部运作规程、服务、技术应用等方面的规范化，是智慧图书馆高效运作和提供优质服务的保证。规范化原则的核心是，通过规范化的方式，保障智慧图书馆运营顺畅，提升智慧图书馆的服务质量。

首先，规范化原则在图书馆内部运作规程方面主要体现为工作流程、职责划分、管理规程的规范化。其中，工作流程的规范化，有利于提高工作效率，减少工作中出现的错误和遗漏；职责划分的规范化，有利于明确每个工作人员的工作职责，增强他们的责任心；管理规程的规范化，有利于保证智慧图书馆内部管理的公正性和公平性，提高管理效果。此外，智慧图书馆内部运作规程方面的规范化还包括工作环境、工作设备、工作时间等方面的规范化，旨在为图书馆工作人员提供一个良好的工作环境。

其次，规范化原则在智慧图书馆服务方面主要体现为服务标准、服务流程、服务质量的规范化。其中，服务标准的规范化，有利于为读者提供一致、可靠的服务，增强读者对智慧图书馆的信任感；服务流程的规范化，有利于提高服务效率和服务质量；服务质量的规范化，有利于保证服务的优质性，更好地满足读者的服务需求。此外，智慧图书馆服务方面的规范化还包括服务人员的服务态度、服务技巧、服务知识等方面的规范化，旨在提高服务人员的服务水平。

最后，规范化原则在智慧图书馆技术应用方面主要体现为技术标准、技术流程、技术质量的规范化。其中，技术标准的规范化，有利于保证技术应用的稳定性，提高技术应用的可靠性；技术流程的规范化，有利于提高技术应用的效率，增强技术应用的效果；技术质量的规范化，有利于保证技术应用的优质性，满足技术应用的需求。此外，智慧图书馆技术应用方面的规范化还包括技术人员的技术水平、技术知识、技术态度等方面的规范化，旨在提高技术人员的技术水平。

规范化原则是智慧图书馆建设的基石。通过规范化的运作和服务，不仅能提高智慧图书馆的工作效率和服务质量，更能提升智慧图书馆的社会形象，增强社会公众对智慧图书馆的认同感和归属感。未来，智慧图书馆的规范化建设还将与云计算、大数据、人工智能等新技术相结合，以进一步提升自身的服务效能，满足社会公众更高的阅读需求。

二、服务性原则

服务性原则是智慧图书馆的核心原则之一，其关键是以读者的需求为导向，为读者提供个性化和高质量的服务。作为信息与知识的仓库，图书馆的最终目标是为读者提供最有价值和最具效益的服务。因此，智慧图书馆需要关注和了解读者的需求，采用先进的科技手段提供方便快捷的服务，满足读者的信息需求和学习需求。具体而言，服务性原则主要体现在以下几个方面。

（一）读者至上

服务性原则的首要理念为读者至上，强调以读者的需求为导向，为其提供精准的、专业的信息服务。智慧图书馆要充分理解和把握读者的需求，设计并提供符合读者需求的信息服务，无论是在线服务还是实体服务，都应充分考虑读者的体验，实现从读者需求出发的服务模式。

（二）倾听读者声音

智慧图书馆应该建立健全读者反馈机制，不断倾听读者的声音，收集读者的需求和意见，通过对读者反馈的认真分析和处理，及时调整服务内容和服务方式，提高服务质量。读者的反馈是评估和改进服务质量的重要依据，也是智慧图书馆提升自身服务能力的重要途径。

（三）服务多样化

服务多样化原则要求智慧图书馆根据读者的不同特征和需求，提供多样化、个性化的服务。例如，通过个性化推荐、主题讲座、在线问答、知识导航等多种形式，提供多样化的服务，满足不同读者的需求。

（四）技术驱动服务

技术驱动服务原则强调智慧图书馆要利用先进的技术手段，包括人工智能、大数据、云计算等技术，为读者提供更加精准、便捷、智能的服务。例如，利用人工智能技术实现个性化推荐，利用大数据技术分析读者需求，利用云计算提供高效稳定的服务。

（五）全程服务

智慧图书馆应注重服务的全程性，即从读者进入图书馆到读者离开图书馆的整个过程，都应为其提供完善的服务。全程服务原则体现了智慧图书馆服务的人性化和持续性，有助于读者在整个过程中获得满意的体验。

三、开放性原则

开放性原则是智慧图书馆建设中的重要原则之一。这一原则的核心精神是追求馆藏资源和服务的全面开放，尽可能满足读者的信息需求，提高智慧图书馆的社会价值和影响力。具体而言，智慧图书馆建设的开放性原则主要体现在以下五个方面。

（一）资源开放

资源开放是智慧图书馆建设的重要方向，开放的资源包括书籍、期刊、数据库、公共讲座、工作坊等各类知识内容和学习资源。资源开放不仅强调物理空间的开放，更强调数字空间实现全时全地的资源共享。这就需要充分利用现代信息技术，建立和完善数字图书馆，使读者无论在何时何地，都能通过网络获取所需信息。此外，资源开放也意味着智慧图书馆要对外部资源进行整合和利用，如开放应用程序接口（application programming interface，API）、整合各类数据库和在线课程，以为读者提供更丰富、更多元的知识服务。

（二）服务开放

服务开放要求智慧图书馆不仅提供传统的借阅、咨询服务，更要提供个性化、精准化的信息服务，如知识导航、学习咨询、研究支持等。服务开放需要智慧图书馆积极拥抱信息技术，利用大数据、人工智能等技术手段，进行读者行为分析，推送读者感兴趣的内容，以提高自身服务质量和效率。同时，服务开放还要求智慧图书馆开展多元化的社区服务，如文化活动、公共讲座等，从而提高在社区中的影响力。

（三）平台开放

平台开放不仅要求智慧图书馆提供易用、稳定的信息平台，如图书馆网站、移动应用等，还要求智慧图书馆构建开放的技术平台，如开源软件、开放 API 等，以促进内外部信息的交流和技术创新。平台开放可以提高智慧图书馆的技术适应能力、服务能力和资源利用效率，还可以汇集读者、开发者、合作伙伴等各方力量，共同推动智慧图书馆的持续发展和创新。

（四）合作开放

合作开放是智慧图书馆建设的有效途径。智慧图书馆应与学校、研究机构、企事业单位、社区等各方积极合作，共享资源，提供共享服务。合作开放，既有利于扩大智慧图书馆的服务范围，提高馆藏资源的利用效率；也有利于智慧图书馆的知识创新和服务创新；还有利于智慧图书馆构建更广阔的社区网络，提高其在社区中的影响力和地位。

（五）管理开放

管理开放是智慧图书馆建设的关键环节。管理开放需要智慧图书馆打破传统的闭环管理模式，推行开放、透明的管理制度。具体来讲，管理开放要求智慧图书馆公开其运行状况，如预算、人员配置、服务评价等，接受社会的监督和评价；还要求智慧图书馆充分发挥员工和读者的创新能力，鼓励他们参与图书馆决策的制定，提高图书馆的创新能力和服务质量。

四、共建原则

共建原则作为智慧图书馆建设的核心原则之一，强调的是馆藏资源和服务的共建性和共享性。具体而言，共建原则主要体现在以下四个方面。

（一）资源共建

资源共建是指智慧图书馆不仅是资源的提供者，还是资源的整合者。在这个过程中，智慧图书馆需要借助现代信息技术和数据分析工具，积极整合各种线上线下资源，包括但不限于图书、期刊、数据库等。为进一步整合资源，智慧图书馆可以鼓励读者参与资源的创造和整合，如鼓励读者发表图书评论、分享读书笔记等。通过这种方式，智慧图书馆能够在满足读者需求的同时，提高资源利用率，形成一个多元化、丰富化的资源库。

（二）服务共建

服务共建意味着图书馆服务的构建不再是图书馆单方面的行为，而是图书馆与读者、合作伙伴等共同参与的过程。这就需要智慧图书馆更加关注读者需求，倾听读者声音，甚至是邀请读者参与服务设计，以提供更贴合读者需求的服务。此外，智慧图书馆还可以与社区、学校、企业等共同构建服务，共享资源，为读者提供更全面、更专业的服务。

（三）平台共建

平台共建涵盖图书馆信息平台的共建和共享。智慧图书馆应该建立开放、灵活的信息平台，允许读者、开发者、合作伙伴等多方参与其中，共同完善平台的功能和服务。例如，智慧图书馆可以通过开放 API、数据分享等方式，鼓励外部开发者对平台进行创新和拓展。通过平台共建，智慧图书馆能够为读者提供更丰富、更具个性化的服务，同时能提高平台的技术适应性和持续创新能力。

（四）管理共建

管理共建强调智慧图书馆的决策和管理过程应该是开放、透明的，允许员工、读者、社区等各方参与其中。例如，智慧图书馆可以通过读者调查、公开论坛、在线投票等方式，邀请读者参与图书馆的决策和规划。同时，智慧图书馆需要公开其运行状况，并接受社会的监督和评价。通过管理共建，智慧图书馆可以提高其决策的公正性和效率以及服务质量，还可以提高其社会信任度和影响力。

五、技术前瞻性原则

技术前瞻性原则是智慧图书馆建设的重要原则之一，强调智慧图书馆应把握技术发展趋势，积极运用先进的信息技术，推动智能化和现代化建设。下面将从四个方面详细论述技术前瞻性原则。

（一）关注技术趋势

对于智慧图书馆建设来说，关注并把握最新的技术趋势是极其重要的。例如，人工智能、大数据、云计算、物联网等技术的发展，都将对图书馆的服务方式和管理模式产生深远影响。因此，智慧图书馆的管理人员需要关注这些技术的发展，理解其原理并熟悉其应用场景，以便在适当的时机将其应用到智慧图书馆的各项工作中。

（二）引入新技术

在了解了最新的技术趋势后，智慧图书馆的管理人员需要将这些新技术积极引入智慧图书馆建设中，这可能涉及图书馆的硬件设施、软件系统、服务流程等多个方面。通过引入新技术，智慧图书馆可以进一步提升服务效率，为读者提供更好的体验，也可以实现管理的智能化和现代化。

（三）技术应用创新

除了引入新技术外，智慧图书馆还需要在技术应用上进行创新。这包括开发新的服务模式，如基于人工智能的推荐系统、基于 AR/VR 的虚拟阅读体验等；优化现有的服务流程，如使用大数据技术优化图书采购策略，使用物联网技术优化图书借阅流程等。通过技术应用创新，智慧图书馆可以提供更具个性化、更高效的服务，从而满足读者的多样化需求。

（四）技术培训与教育

为了确保新技术的有效应用，智慧图书馆还需要进行技术培训与教育。这包括对图书馆馆员进行技术培训，提升他们的技术素养和应用能力；也包括对读者进行技术教育，帮助他们理解和掌握新技术，以便更好地使用智慧图书馆的服务。通过技术培训与教育，可以保证新技术的顺利应用和推广，从而进一步提升智慧图书馆的服务质量。

六、可持续性原则

可持续性原则是智慧图书馆建设的重要原则之一，它强调智慧图书馆的长期发展和永续服务能力。下面将从五个方面详细论述可持续性原则。

（一）经济可持续

智慧图书馆建设涉及大量的资源投入，包括图书资源、人力资源、硬件设施、软件系统等。在进行资源投入时，需要考虑资源的经济性和效益性，以确保资源的高效利用，避免资源浪费。同时，智慧图书馆的管理人员还需要积极拓宽资金来源渠道,如政府资助、社会捐赠、服务收入等,以保障图书馆的经济可持续。

(二)环境可持续

智慧图书馆的建设需要尽可能地减少对环境的影响。例如,可以通过节能设计、采用绿色材料等方式,减少智慧图书馆建设过程中的能源消耗和碳排放;也可以通过环保活动、绿色阅读等方式,倡导和宣传环保理念,增强读者的环保意识,促进环境的可持续发展。

(三)技术可持续

智慧图书馆建设的关键之一是信息技术。智慧图书馆应选择开放、兼容、可扩展的技术方案,以保障技术的长期可用和可更新。此外,智慧图书馆还需要建立健全技术维护机制,定期进行技术更新和优化,以适应技术的快速发展。

(四)服务可持续

智慧图书馆应提供持续的、稳定的服务,包括提供持续的、高质量的借阅服务、咨询服务等,也包括定期举办文化活动、教育活动等。在提供服务时,智慧图书馆需要关注读者需求的变化,不断优化服务内容和方式,以满足读者的多样化需求。

(五)管理可持续

为了保障智慧图书馆的长期发展,需要建立健全各类管理机制,包括资源管理、服务管理、人员管理、财务管理等。智慧图书馆的管理人员需要定期进行管理评估和改革,以提升管理效率,实现管理的可持续。

七、安全性原则

安全性原则是智慧图书馆建设的重要原则之一,该原则强调智慧图书馆在运营过程中的安全保障。下面从五个方面详细阐述安全性原则。

(一)物理安全

物理安全是指智慧图书馆应保证其设施设备的安全,如建筑物、报警器、消防设施等的安全。对于这些设施设备，智慧图书馆的管理人员应进行定期的检查和维护，并在必要时进行修缮或者替换，以保证其长期的安全性和稳定性。

（二）数据安全

智慧图书馆包含大量的数据，如电子图书、期刊、论文等电子资源及读者个人信息。因此，需要建立严格的数据安全制度，以保护数据的存储安全、传输安全、使用安全和读者的隐私；还需要进行定期的数据备份和恢复，以防止数据的意外丢失。

（三）网络安全

随着信息技术的发展，网络安全成为智慧图书馆必须面对的问题。因此，智慧图书馆既需要建立健全网络安全机制，防止各类网络攻击和侵犯；还需要定期进行网络安全培训和演练，增强员工和读者的网络安全意识。

（四）服务安全

在提供服务的过程中，智慧图书馆需要保证服务的安全性，包括防止服务的中断和质量下降，保证读者的使用体验。为了实现服务的安全性，智慧图书馆需要建立对服务的监控和评估机制，定期进行服务检查和优化。

（五）应急处理

面对各类可能的安全问题，智慧图书馆需要建立有效的应急处理机制，包括制定应急预案、设立应急处理小组、储备应急资源等。通过建立应急处理机制，智慧图书馆可以在遇到安全问题时，快速响应和处理，最大限度地减小安全问题的影响。

第四节　智慧图书馆建设的架构设计

智慧图书馆建设的架构根据其定位，可分为服务层、应用层、资源层、数据层、感知层、系统层、技术层。具体架构如表 2-1 所示。

表2-1 智慧图书馆建设的架构

智慧图书馆建设的架构	服务层	馆员
		管理者
		校内读者
		校外读者
		合作客户
		互联网平台
		移动应用平台
		智能显示平台
		内网平台
	应用层	智慧感知系统
		智慧资源系统
		智慧管理系统
		智慧学习系统
		智慧馆员系统
		智慧社交系统
		智慧服务系统
	资源层	馆藏印本资源
		数据库资源
		多媒体资源
		馆藏数字资源
		馆外信息资源
		数据资源
	数据层	馆藏结构化数据
		馆藏非结构化数据
		馆外资源数据
		读者行为数据
		管理行为数据
		感知系统数据

续　表

智慧图书馆建设的架构	感知层	RFID 感知
		二维码
		声音感知
		光度感知
		温度感知
		湿度感知
		烟雾感知
		智能定位
	系统层	数据管理系统
		统一认证系统
		移动图书馆
		数据分析系统
		信息共享系统
		数据库系统
	技术层	互联网技术
		物联网技术
		云计算技术
		大数据技术
		资源整合技术
		社交网络技术
		移动通信技术

第三章 智慧图书馆建设中可应用的数智技术

第一节 大数据技术

一、解读大数据

（一）大数据的概念

大数据是指无法在一定时间范围内用常规软件工具进行捕捉、管理和处理的数据集合，是需要新处理模式才能具有更强的决策力、洞察发现力和流程优化能力的海量、高增长率和多样化的信息资产。

大数据是现代社会高科技发展的产物，它不是一种单独的技术，而是一个概念、一个技术圈。相对于传统的数据分析，大数据是海量数据的集合，它以数据采集、整理、存储、挖掘、共享、分析、应用为核心，正广泛地应用于军事、金融、环境保护、通信等各个行业中。

（二）大数据的发展历程

大数据的发展历程可划分为三个阶段，如图 3-1 所示。

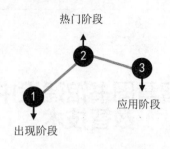

图 3-1　大数据的发展历程

1. 出现阶段（1980—2008 年）

大数据的概念最早可以追溯到 1980 年，当时的未来学家阿尔温·托夫勒在《第三次浪潮》一书中首次提到了"大数据"。然而，直到 1997 年，美国宇航局的研究员才正式使用"大数据"这个术语，用来描述他们面临的挑战，即模拟飞机周围的气流，产生的数据量巨大，超出了当时的处理和存储能力。

2006 年，谷歌首次提出了云计算的概念。2007—2008 年，社交网络的出现导致数据量陡增，使得大数据这一概念开始被广泛关注。2008 年，《自然》杂志推出的"大数据"专题进一步推动了大数据概念的传播。

2. 热门阶段（2009—2012 年）

2009—2012 年，大数据逐渐成为热门词汇，并被广泛应用于各行各业。2012 年，大数据被广泛认为是信息爆炸时代的核心特征，各国政府纷纷出台政策，将大数据技术提升到国家科技战略的高度。

3. 应用阶段（2013 年至今）

从 2013 年开始，大数据进入应用阶段，成为政府决策、商业运营、科研探索等各个领域的重要工具。2014 年，我国的政府工作报告中首次提到大数据，并于 2015 年正式印发《促进大数据发展行动纲要》。2016 年，我国各级政府出台了大量关于大数据的政策和规划，这些政策和规划不仅涵盖全面的指导规划，还涵盖各大行业和细分领域。目前，大数据的应用已经深入社会的各个角落，并展现出巨大的发展潜力和应用价值，成为我国产业发展的重要引擎。

（三）大数据的特征

1.数据量大

大数据首先是以其巨大的数据量为特征的。这种大规模的数据量超出了传统数据库软件的处理能力，需要依赖新型的处理方式。从社交媒体的发布、电子商务的交易到科学实验的记录，这些数据来源的多样性及其生成的快速度，都使得数据量在短时间内呈几何级增长。海量数据为人们提供了前所未有的分析和挖掘数据的机会，使人们可以从中发现隐藏的模式、关联和趋势，从而获得有价值的信息和知识。但与此同时，这也对数据的存储、处理、分析、管理等提出了新的挑战。

2.数据类型繁多

大数据的另一个重要特征是数据类型的多样性。传统数据主要是结构化的文本数据，而大数据不仅包括结构化数据，还包括半结构化数据和非结构化数据，如图像、音视频、社交媒体数据、传感器数据等。这为人们提供了更丰富的数据源，使人们能从多维度和多角度理解和揭示现象和问题。当然，数据类型的多样性也增加了数据处理的复杂性。不同类型的数据需要不同的处理工具和方法，对数据的融合、整合和分析都提出了新的要求。

3.数据产生速度快

大数据还有一个重要特征是数据产生速度快。在互联网、移动设备和物联网的推动下，数据以前所未有的速度产生和传播。例如，社交媒体上、电子商务、物联网设备的传感器等，都在实时地、持续地生成数据。这种高速度的数据流对数据的处理和分析提出了新的挑战。传统的处理方式无法满足实时性的需求，需要发展新的流处理技术和实时分析方法。

4.数据价值密度低

数据价值密度低也是大数据的重要特征之一。这是因为在海量的数据中，并非所有的数据都是有价值的，大量的数据可能是冗余的、无关的，或者是噪声。因此，需要通过数据挖掘、分析和学习等方法，从中提取出有价值的信息和知识。这对数据的处理技术和方法，以及数据分析的理论和工具，都提出了新的要求。

二、大数据架构

大数据一般采用四层堆栈式技术架构来处理，包括基础层、管理层、分析层和应用层，如图 3-2 所示。

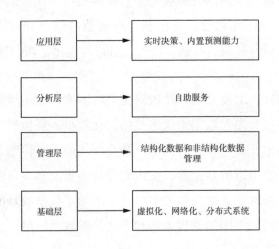

图 3-2 大数据架构

（一）基础层

基础层位于最底层，提供高度自动化的、可扩展的存储和计算资源。这一层的主要任务是提供上层所需的底层基础设施。相关技术包括虚拟化、网络化和分布式系统等，通过这些技术，可以实现数据的存储、管理和处理的高效性和可伸缩性。

（二）管理层

管理层通过将结构化数据和非结构化数据整合在一起，提供实时传输、查询和计算功能。这样的设计有助于对多源数据进行深入分析。这一层既涉及数据的存储和管理，也涉及数据的计算和处理，目标是实现对数据的高效管理和操作，为分析层和应用层提供支持。

（三）分析层

分析层提供基于统计学的数据挖掘和机器学习算法，用于分析和理解数据集，帮助相关组织获得对数据价值的深入领悟。在这一层，构建可扩展性强、灵活易用的大数据分析平台成为发展趋势。通过大数据分析平台，读者可以利用先进的分析工具和算法，探索数据中的模式、关联和趋势，从而做出更明智的决策。

（四）应用层

应用层将数据的价值体现在帮助企业决策和为终端用户提供服务等应用上。大数据的应用为企业提供了竞争优势，促使企业更加重视大数据的价值。同时，不同用户需求的驱动也推动了大数据应用的持续发展。新型的大数据应用不断对大数据技术提出新的要求，从而推动大数据技术的发展和变革。

这四层相互配合，构建起一个完整的大数据处理和应用体系，使得数据能够被高效地管理、分析和应用，从而实现更好的决策和价值创造。

三、大数据技术的关键技术

（一）大数据处理技术

大数据处理技术主要是对大量的数据进行处理，提取有用信息的技术，包括 MapReduce、Spark、Flink 等。

MapReduce 是一种编程模型，它将大规模数据处理分解为两个步骤：映射（Map）和规约（Reduce）。通过分解，可以大大提高数据处理效率。

Spark 是一种快速、通用、可扩展的大数据分析引擎，它在内存中处理数据，比 MapReduce 有更高的处理速度。同时，Spark 还提供机器学习、流处理、图计算等丰富的库，非常适合进行复杂的数据分析。

Flink 是一个流处理框架，它提供事件时间处理和容错机制，可以实时处理数据，并保证结果的精确性。

（二）大数据查询技术

大数据查询技术是一种用于大规模数据集中查询和检索信息的技术。其中包括分布式查询处理、索引技术、实时查询技术等。

分布式查询处理是指在分布式数据库系统中，通过分配和调度查询任务，达到提高查询性能和缩短响应时间的目的。这需要有效的查询优化算法和调度策略，才能确保查询的效率和质量。

索引技术则是用来提高查询速度的重要手段。对于海量的数据，如果没有索引，查询操作可能需要遍历整个数据库，这是非常耗时的，而建立索引，可以大大减少查询所需的时间。在大数据环境下，如何有效地建立和维护索引是一个巨大的挑战。

实时查询技术是指在数据不断更新和流动的情况下，对数据进行即时查询，以获取最新的信息。这对于许多需要实时决策的应用场景来说，是非常重要的。其中，流处理技术就是实现实时查询的一种重要方式。

（三）大数据分析技术

大数据分析技术是大数据技术的核心部分，其目标是通过对大量数据的分析，提取出有价值的信息和知识。其中涉及数据挖掘、机器学习、统计分析等技术。

数据挖掘是一种从大规模数据中发现模式和关系的技术。它涉及分类、聚类、关联规则、序列模式等多种技术。这些技术可以用来预测用户行为，发现异常，识别欺诈等。

机器学习则是通过算法让机器从数据中学习，以做出预测或决策，而无需明确编程。其中包括监督学习、无监督学习、半监督学习、强化学习等多种方式。机器学习在语音识别、自然语言处理、推荐系统等领域有广泛的应用。

统计分析是利用统计学的方法，对数据进行分析和解释的过程。它可以帮助人们理解数据的分布、关系、趋势等。在大数据环境下，统计分析可以帮助人们从海量数据中提取出有价值的信息。

（四）数据可视化技术

数据可视化是将抽象的数据通过图形的方式呈现出来，使得人们可以直观地理解数据的含义。在大数据时代，数据可视化不仅能够帮助人们理解数据，还能够帮助人们揭示数据中隐藏的模式和趋势。

数据可视化涉及许多工具，如 D3.js、Tableau、Power BI 等。这些工具可以提供丰富的可视化图形，如折线图、柱状图、饼图、散点图等，以及交互式的操作，如缩放、拖动、筛选等。这使得数据可视化可以满足各种复杂的数据分析需求。

在设计数据可视化时，需要考虑许多因素，如色彩的选择、图形的布局、信息的层次、交互的设计等。这需要良好的设计感和对数据的深入理解。只有这样，才能设计出既美观又有效的数据可视化图。

在大数据环境下，数据可视化也面临着一些挑战。例如，如何在有限的空间内展示海量的数据，如何在复杂的数据关系中保持清晰和简洁，如何处理动态变化的数据。这需要不断的探索和创新，以找到最合适的解决方案。

第二节　物联网技术

一、解读物联网

（一）物联网的定义

物联网是通过射频识别、红外感应器、全球定位系统、激光扫描器等信息传感设备，按照约定的协议，把任何物品与互联网相连接，进行信息交换和通信，以实现对物品的智能化识别、定位、跟踪、监控和管理的一种网络。物联网不是一门技术或者一项发明，而是许多技术的高度集成和融合。物联网是现代信息技术发展到一定阶段后才出现的聚合和提升，它将各种感知技术、现代网络技术、人工智能、通信技术和自动控制技术集合在一起，促成了人与物的智慧对话，创造了一个智慧的世界。

（二）物联网的类型

根据物联网的应用规模和用途，可以将物联网分为以下四类。

1.私有物联网

私有物联网通常为单一机构内部提供服务，可能由机构自身或其委托的第三方实施和维护。这类物联网主要存在于机构的内网中，也可以设置在机构外部，依托私有网络环境进行操作。私有物联网通常用于内部的设备管理、能源管理、安全监控等。

2.公有物联网

公有物联网基于互联网向公众或大型用户群体提供服务。这类物联网通常由一个或多个机构（或其委托的第三方）进行管理，能够服务大范围的用户和设备。公有物联网的典型应用包括智能城市、环境监测、远程医疗等。

3.社区物联网

社区物联网通常服务于一个关联的社区或机构群体。这类物联网可能由两个或两个以上的机构协同运维，主要存在于内网和专用网络中。社区物联网通常用于公共服务和公共设施管理领域，如城市交通管理、公共安全监控等。

4.混合物联网

混合物联网是上述两种或两种以上的物联网的组合，但由一个统一的管理实体进行后台管理。混合物联网可以灵活地满足各种应用需求，如工业生产、供应链管理、智能电网等。

以上四类物联网在人与人、人与物、物与物之间建立了全新的信息交流方式，构建了更为广泛的信息网络系统，每个物体成为信息网络的终端。随着物联网技术的发展和应用，各行业的物联网应用将得到更大的提升，信息全球化将得到更大的推进。

（三）物联网的特征

物联网是一种全新的信息系统，它通过各种感知设备和互联网将物体与物体相互连接，实现物体间全自动、智能化的信息采集、传输与处理，以及随时随地的智能管理。物联网的主要特征可以归纳为以下三点。

1.全面感知

这一特征反映了物联网通过各类感知设备获取物体信息的能力。物联网的接入对象涵盖范围广泛，不仅包括电脑、手机、智能卡等常见设备，还包括通过嵌入微型感知设备而被纳入的各类物体，如轮胎、牙刷、手表、工业原材料、工业中间产品等。物联网所获取的信息不仅包括人类社会的信息，还包括物理世界的各种数据，如压力、温度、湿度等。这种强大的感知信息能力，使得人类与周围世界的联系更为智能。

2.可靠传递

物联网的另一主要特征是可靠的信息传输。通过电信网络与互联网的融合，物联网能将物体的信息实时、准确地传递出去。不仅如此，人与物、物与物的信息系统也实现了广泛的互联互通，信息共享和互操作性达到了很高的水平。这促使物联网的基础设施更为完善，网络的可获得性极大增强。

3.智能处理

物联网的第三个特征是智能处理。物联网的产生是微处理器技术、传感器技术、计算机网络技术、无线通信技术不断发展与融合的结果。物联网可以通过自动化、感知化的方式，对客观事物进行合理分析、判断，以及有目的地行动和有效地处理周围环境事宜。此外，物联网还可以利用云计算、模式识别等各种智能计算技术，对采集到的海量数据和信息进行自动分析和处理，以实现在系统的各个设备之间自动地进行数据交换或通信，对物体实行智能监控和管理，从而使人们可以随时随地、透明地获得信息服务。

二、物联网的体系结构

物联网的体系结构通常可以分为三个层次：感知层、网络层和应用层。这三个层次的结构各具特色，又紧密联系，每一层都是不可或缺的，都在自己的领域内发挥着重要的作用，共同推动着物联网的发展。

（一）感知层

感知层是物联网体系结构的最基础部分，负责收集物理世界中的各种信息，这些信息可以包括各类物理量、标识、音视频等。就像人类的感觉器官能感知外界环境一样，感知层也能感知环境中的温度、湿度、压力、光照度、气压、受力情况等。为了完成这些任务，感知层会使用各种技术，如 RFID、传感器和控制技术、短距离无线通信技术等。

（二）网络层

网络层是物联网体系结构的中间部分，负责在通信网络和互联网的基础上建立连接，提供数据的传输和管理。网络层就像人类的神经系统，能够无障碍、高可靠性、高安全性地传送感知到的信息。为了实现这一功能，网络层需要整合各种通信技术，包括有线和无线网络技术、移动通信技术等。

（三）应用层

应用层是物联网体系结构的顶层，负责处理和分析感知层收集的信息，以提供各种服务。通过应用层处理信息、执行业务，以及向终端用户提供服务，整个物联网变得更连续、更智能。应用层的应用范围极广，涵盖生产生活的各个方面，如安防、电力、交通、物流、医疗、环保等。

三、物联网技术的关键技术

物联网技术的关键技术主要包括网络与通信技术、无线传感器网络（wireless sensor networks，WSN）技术、RFID 技术、机器对机器（machine to machine，M2M）技术、云计算技术，如图 3-3 所示。

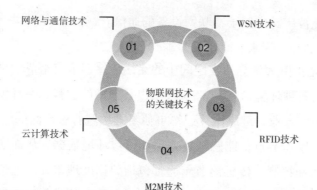

图3-3 物联网技术的关键技术

（一）网络与通信技术

物联网的核心基础之一是网络与通信技术。该技术为设备和系统之间的互联提供了基础架构，并使它们能够交换和处理数据。该技术可以分为有线和无线两种，包括但不限于以太网、Wi-Fi、蜂窝网络（如4G、5G）及蓝牙等。

有线网络主要用于设备间的固定连接，一般通过以太网电缆进行连接，由于传输稳定、延迟低、传输速度快，被广泛应用于工业环境和需要大量数据传输的场合。然而，有线网络的部署和维护成本较高，可移动性较差，因此在许多应用场景中，无线网络成了更好的选择。

无线网络为设备间的连接提供了更大的灵活性和便利性，使设备可以在不同地点和不同时间进行连接和通信。蜂窝网络（如4G、5G）的特点是覆盖范围广、传输距离远，适用于远程设备的连接和大规模物联网应用。Wi-Fi和蓝牙技术则适用于距离较近、设备数量相对较少的场景，如智能家居、智能办公等。

通信协议是网络通信的规则和标准，它规定了设备如何发送、接收和解释数据。在物联网环境中，常用的通信协议包括TCP/IP、MQTT、CoAP、ZigBee等。TCP/IP是互联网的基础协议，定义了数据在网络中的封装、寻址、传输和接收方式。MQTT和CoAP则是为物联网设计的轻量级的通信协议，它们对设备的资源要求低，能够适应不稳定的网络环境，因此被广泛应用于物联网设备的通信。

（二）WSN 技术

WSN 是指由大量分布在空间中的无线传感器节点组成的网络，用于感知和收集各种环境信息。WSN 技术以其独特的优势，在环境监测、智能家居、精细农业、健康医疗、军事侦察等领域有着广泛的应用。

每个传感器节点都能感知、处理和传输环境数据，从而实现对环境的实时监测和控制。传感器节点通常包括数据处理单元、通信单元、能量单元以及一个或多个传感器。传感器可以检测到诸如温度、湿度、光照、压力、速度等各种环境参数。

传感器节点通常是以电池为能源的，因此，如何提高能源利用效率，并延长其使用寿命，成为 WSN 技术的重要研究内容。此外，由于传感器节点可能部署在环境恶劣或人类难以到达的地方，节点的维护和更换成本高，所以设计具有自组织、自适应、自愈合能力的网络拓扑结构和路由协议，也是 WSN 技术的关键。

针对 WSN，如何有效处理传感器节点产生的大量数据，并从中提取有用的信息，是另一个重要的问题。这包括数据融合、数据压缩、异常检测及数据安全等方面的研究。

随着物联网技术的快速发展，WSN 正在逐步融入物联网中，并成为其重要的组成部分。这既为 WSN 技术的发展提供了新的机遇，也带来了新的挑战。

（三）RFID 技术

RFID 是一种无线通信技术，它通过无线电信号识别特定目标并读取与目标相关的数据。

可以根据 RFID 的工作方式和频率范围对其进行分类。根据工作方式，RFID 可以分为被动 RFID 和主动 RFID。被动 RFID 没有自己的电源，需要依靠读写器发射的无线电波产生能量；主动 RFID 则内置电源，可以主动发送无线电信号。根据频率范围，RFID 可以分为低频、高频、超高频和微波等多种类型。

RFID 技术有许多优点，如识别距离远、不受视线限制、可以识别高速移动的目标、可以同时识别多个目标等。因此，它在物流管理、仓储管理、零售业、医疗保健、智能交通等多个领域得到了广泛的应用。

当然，RFID 技术也存在一些问题，如标签成本高、隐私泄露、信号干扰和碰撞等。为了解决这些问题，业界正在积极研发新的技术和标准，以推动 RFID 技术的进步和应用。

（四）M2M 技术

M2M 技术可以实现设备间直接交换信息而无需人类参与。M2M 技术使设备能够感知和响应环境变化，提高效率，减少错误，并支持新的业务模式。

M2M 技术广泛应用于各种场景，包括智能家居、工业自动化、运输和物流、医疗保健、能源管理等。例如，智能电表可以自动读取和报告电力使用情况，车载系统可以实时监控车辆状况并发送警报，医疗设备可以远程监控病人的健康状况等。

物联网实际上是 M2M 技术的扩展，它不仅包括设备间的通信，还包括设备和人以及设备和云端的通信。与传统的 M2M 技术相比，物联网具有更高的复杂性和更大的规模，需要处理多个设备产生的大量数据，并支持复杂的应用和服务。

虽然 M2M 技术具有很多优势，但也存在一些问题，如网络安全和数据安全面临威胁，设备兼容性和网络可靠性有待提高等。当然，随着技术的进步，这些问题正在逐步得到解决，预计 M2M 技术将在未来的物联网发展中发挥更大的作用。

（五）云计算技术

云计算是一种提供计算资源的模式，这些资源以服务的形式通过网络（通常是互联网）进行交付。云计算服务的类型主要包括基础设施即服务（infrastructure as a service，IaaS）、平台即服务（platform as a service，PaaS）和软件即服务（software as a service，SaaS）。

在物联网环境中，云计算技术发挥了关键作用。大量的物联网设备产生了海量的数据，这些数据需要存储、处理和分析，而这正是云计算的优势所在。云计算提供了几乎无限的存储空间、强大的处理能力，以及先进的数据分析和机器学习工具，能够帮助企业和个人从物联网数据中获取有价值的信息。

更重要的是，云计算还具有弹性和可伸缩性，使得物联网应用可以根据需要快速增加或减少资源。这不仅可以满足物联网应用的大规模和实时性需求，还可以提高资源利用率，降低成本。

云计算提供了设备管理和服务集成的平台。通过该平台，用户可以远程管理和控制物联网设备，实现对设备的配置、监控、升级和故障诊断。此外，该平台还可以集成各种应用和服务，为用户提供丰富的物联网解决方案。

尽管云计算技术在物联网中有许多优势，但也存在一些问题。为解决这些问题，业界正在研发新的技术和标准，如边缘计算、雾计算、区块链等，以优化云计算在物联网中的应用。

第三节　云计算技术

一、解读云计算

（一）云计算的概念

要解读云计算的概念，可以对"云""计算"分别进行解析。"云"是网络、互联网的一种比喻说法，即互联网与建立互联网所需要的底层基础设施的抽象体。"计算"当然不是指一般的数值计算，而是一台足够强大的计算机提供的计算服务（包括各种功能、资源、存储）。因此，"云计算"可以简单地理解为网络上足够强大的计算机为你提供的服务，只是这种服务是按你的使用量进行付费的。

在此基础上，结合众多学者对云计算的界定，笔者认为可以将云计算的概念界定为，云计算是一种基于使用量计费的服务模式，即通过网络提供即时地、方便地、按需地访问到一种共享的、可配置的计算资源库（包括网络、服务器、存储、应用程序和服务）。这些资源可以迅速并且轻松地供应出来，无需投入大量的管理工作，或者只需要与服务供应商进行最少的交互。在这种模式下，用户只需为他们实际使用的服务付费，大大减轻了前期硬件和软件投资的负担，并且具有更高的灵活性和扩展性。

（二）云计算的类型

按照是否公开发布服务，可将云计算分为公有云、私有云、混合云三类。

1. 公有云

公有云是云计算的一种类型，其服务对所有人开放，用户可以通过互联网访问这些服务。公有云是一种共享的环境，资源由云服务提供商拥有和运营。这些服务通常是按需收费的，且可以随着用户需求的变化进行动态调整。Amazon Web Services、Google Cloud Platform 和 Microsoft Azure 就是公有云服务的典型代表。公有云的优点包括无需用户自己进行硬件和软件的维护，并可以根据用户需要快速扩展资源，且成本可以根据使用量进行调整。公有云的缺点是可能会面临安全和隐私泄露的问题，特别是对那些有着严格数据安全要求的行业和组织。

2. 私有云

私有云是为特定组织或企业设计的专用云环境。私有云的资源和服务只对特定组织内的用户开放，一般情况下不会提供给外部用户。私有云可以部署在组织内部的数据中心，也可以托管在外部的服务提供商那里。相比于公有云，私有云提供了更高级别的安全和控制，因为所有的硬件、数据和网络都是由该组织自己控制的。当然，私有云也有缺点，相比公有云，它的缺点是需要更高的初始投资和维护成本。

3. 混合云

混合云是公有云和私有云的结合，它允许数据和应用程序在两者之间进行移动。这种模式充分利用了公有云和私有云的优点，具有更大的灵活性和更高的效率。对于那些对数据安全性要求较高，但又希望利用公有云的灵活性和扩展性的组织来说，混合云是一个很好的选择。例如，一个组织可能会选择在私有云中处理敏感数据，而将非敏感数据和应用程序部署在公有云中。通过这种方式，组织可以灵活地管理其资源，同时可以实现成本效益。混合云的难点在于需要有效地集成和管理，以确保不同环境之间的无缝切换和互操作性。

（三）云计算的基本特征

1.弹性服务

弹性服务是云计算的核心特征之一，也就是说，云计算的计算能力可以根据用户需求进行伸缩。例如，当用户的工作负载增加时，云服务能提供更多的计算资源以满足其需求；当用户的工作负载减少时，计算资源也能相应减少。这种动态分配的方式使得用户无需预先购买大量硬件资源，既节省了投资，又可以灵活应对各种业务场景。

2.资源池化

资源池化意味着云服务提供者的计算资源被集中管理和分配。云服务提供者通常拥有大量的服务器、存储空间和网络资源，它们被组织成一个资源池，供用户按需使用。这种方式可以根据用户需求快速分配和调整资源，从而提高资源利用率。

3.按需计算

按需计算意味着用户只需为其使用的计算资源付费。这种模式使得云计算服务更加灵活和经济，用户无需购买和维护高昂的硬件设备，只需根据实际需求购买服务。例如，如果用户需要大量计算资源进行一次性的项目，他们可以在需要时增加计算资源，项目完成后再减少计算资源。

4.泛在接入

泛在接入，是指只要有互联网的地方，用户就可以访问云计算服务。该特征为人们提供了极大的便利性，使得人们的工作和学习不再受地点限制。例如，企业员工可以在家中访问公司的云服务进行远程工作，学生可以在任何地方访问云端的教育资源进行学习。

二、云计算架构

云计算架构可以分为六个部分，由下至上分别是云基础设施、云存储、云平台、云应用、云服务和云客户端，如图 3-4 所示。

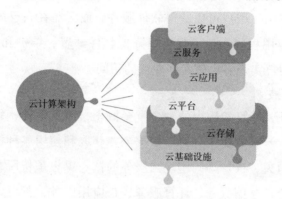

图 3-4 云计算架构

（一）云基础设施

云基础设施构成云计算架构的底层。云基础设施主要包括计算、网络和存储等资源，这些资源不仅包括物理设备，如服务器和网络设备，还包括虚拟资源，如虚拟机、虚拟网络等。除这些资源外，云基础设施还包括虚拟化平台环境。云基础设施具有弹性和可扩展性，使得用户可以按需获取和使用资源，而无需购买和维护大量的硬件设备。

（二）云存储

云存储是云计算架构中的重要组成部分，它将数据存储作为一项服务，提供给用户。用户通常按照使用的存储量来支付费用，无需关心数据的备份、恢复等问题。云存储可以作为云计算服务的一部分，也可以单独提供给需要大量数据存储服务的用户。与传统的存储方式相比，云存储具有高可用性、灵活性和可扩展性等优点。

（三）云平台

云平台主要为开发、测试、部署、运行应用程序提供环境，用户无需关心底层的硬件和操作系统等问题。云平台的优势在于，它可以帮助用户节省购买和管理底层硬件和软件的成本，并可以方便地进行应用程序的快速开发和部署。

（四）云应用

借助云应用，用户可以获得软件服务，而无需在自己的计算机上安装和运行该应用程序。这不仅可以降低软件部署、维护和升级的成本，还可以帮助用户实现多设备、多地点的访问。

（五）云服务

云服务是云计算架构中的一个重要概念，涉及硬件、软件等各类资源的服务化。云服务使用户可以根据需要获取和使用各种资源，而无需关心资源的购买、维护等问题。云服务的核心思想是将所有的资源都视为服务，无论是存储服务、计算服务还是应用服务，都可以通过网络进行访问和使用。

（六）云客户端

云客户端是使用云服务的设备和软件系统，如台式计算机、笔记本电脑、手机、平板电脑等，以及运行在这些设备上的软件系统，如浏览器等。云客户端的用户可以通过网络访问云服务，无论他们身在何处，只要有网络连接，就可以使用云服务。

三、云计算技术的关键技术

（一）虚拟化技术

在计算机领域，虚拟化技术是一种将各种计算及存储资源充分整合和按需高效利用的重要技术。虚拟资源部分不受现有资源的架设方式、地域或物理组态的限制。虚拟化包括系统虚拟化与虚拟化资源管理两部分内容。

1. 系统虚拟化

系统虚拟化是指在一台物理计算机系统上虚拟出一台或多台虚拟计

算机系统。它实现了计算资源 [如中央处理器（central processing unit,
CPU）、内存、存储和网络] 的抽象化，允许多个操作系统和应用程序在
同一台物理服务器上并行运行，同时彼此之间相互隔离。

　　在系统虚拟化中，通常需要一个虚拟机监视器（virtual machine
monitor, VMM）或者叫做超级管理程序（Hypervisor），负责管理物理
服务器的资源并为虚拟机提供所需资源。VMM 能够提供硬件环境的完
整模拟，这使得在虚拟机上运行的操作系统以为自己是在独立的硬件上
运行，而不知道自己的运行环境实际上是虚拟的。这种技术能够显著提
高硬件的利用率，减少物理服务器的数量，降低维护成本。

　　系统虚拟化的优点不仅在于它能够提高资源利用率，还在于它能够
快速创建和复制虚拟机，实现故障切换和负载均衡，提高服务的可靠性
和可用性。此外，系统虚拟化也为互联网管理提供了方便，如通过迁移
虚拟机，可以在不影响服务的情况下，进行硬件维护或升级。

　　2. 虚拟化资源管理

　　虚拟化资源管理是关于如何有效地分配和调度虚拟化环境中的资源
的技术，包括 CPU 调度、内存管理、存储管理和网络管理等策略。

　　在虚拟化环境中，物理资源被抽象为虚拟资源，然后被分配给虚拟
机。这需要一个有效的资源管理策略，以确保所有虚拟机都能得到所需
的资源，而不会发生资源冲突或过度分配的情况。例如，CPU 调度策略
需要确保所有虚拟机都能公平地获取到 CPU 时间，内存管理策略需要有
效地管理物理内存和虚拟内存之间的映射，存储管理策略需要管理虚拟
磁盘和物理存储之间的关系，网络管理策略需要处理虚拟网络和物理网
络之间的交互。

　　虚拟化资源管理还包括资源监控和性能管理。资源监控通过实时收
集和分析系统的各种性能指标（如 CPU 使用率、内存使用率和网络流量
等），可以及时发现系统的问题，旨在确保系统的稳定运行。性能管理
则是根据业务需求和服务等级协议进行资源调度和优化，以达到最优的
性能和资源利用率。

虚拟化资源管理对于实现云计算的高效性和可靠性是至关重要的。只有通过有效的资源管理，才能确保用户的需求得到满足，服务的质量得到保证，资源的利用率得到提高。

（二）分布式数据存储技术

云计算系统主要采用分布式数据存储，通过冗余存储方式来确保数据的可靠性。该技术主要包括分布式文件系统、分布式对象存储系统和分布式数据库系统。

1. 分布式文件系统

分布式文件系统是一种文件存储方法，可以将数据存储在网络中的多个物理位置上，同时为用户提供统一的访问接口。Google 文件系统（Google file system，GFS）和 Hadoop 分布式文件系统（Hadoop distributed file system，HDFS）是两个主要的分布式文件系统。GFS 采用多副本自动复制技术，通过软件的可靠性来弥补硬件可靠性的不足，以提供 PB 级的数据存储。HDFS 则是一个开源的分布式文件系统，面向大数据和分布式计算，也支持 PB 级的数据存储。然而，当文件系统的文件数量持续增加时，这些系统的元数据服务器的可扩展性可能会受到挑战。

2. 分布式对象存储系统

分布式对象存储系统是一种新型的数据存储解决方案，其特点是可以更有效地将元数据平衡地分布到多个节点上，具有理论上的无限可扩展性。亚马逊的 S3 就是一种典型的分布式对象存储服务，它基于 HTTP REST 接口进行数据访问，根据用量和流量进行计费。相比于分布式文件系统，分布式对象存储系统的 API 更简单，更容易使用。

3. 分布式数据库系统

分布式数据库系统是一种数据存储系统，它可以将数据存储在多个网络节点上，并提供统一的数据访问接口。在云计算环境下，很多应用并不需要支持完整的 SQL 语义，只需要键值对形式或者稍微复杂一些的查询语义，所以 NoSQL 数据库成为云计算中结构化数据存储的重要技术。Google 的 BigTable 就是一个典型的分布式数据库系统，它将数据以"列族"为单位进行组织，并通过键值对的形式进行索引，来实现数据的分布式存储。在开源社区中，Apache HBase 和 Cassandra 等 NoSQL 数据库系统也提供了类似的功能，它们基于 Hadoop 平台和 DHT 的分布式结构，实现了优秀的可扩展性。

（三）数据与平台管理技术

1.数据管理技术

数据管理技术指人们对数据进行收集、组织、存储、加工、传播和利用的一系列活动的总和。在云计算环境的数据管理中，Google 的 BigTable、开源项目 Hadoop 的 HBase 这些模块为大规模分布式数据管理提供了实践方法。例如，BigTable 是一个分布式数据库系统，能够高效地管理和处理海量数据，而 HBase 为 BigTable 提供了数据模型，用于在 Hadoop 平台上实现数据的存储和检索。

2.并行计算技术

并行计算技术是处理大数据的有效手段。例如，Google 的 MapReduce 模型和 Microsoft 的 Dryad 模型都为分布式并行计算提供了实用框架。MapReduce 模型包括 Java、Python、C++ 等语言，通过映射和化简的方式将计算任务分布到大量计算机上，达到并行运算的效果。而 Dryad 模型则能够使 Windows 或 Net 平台上的开发人员编写并行应用程序，并易于在分布式计算平台上运行。

3.云计算平台管理技术

对于规模庞大、服务器数量众多的云计算环境，如何有效管理这些服务器、保证服务的连续性是一个重大挑战。这就需要借助云计算平台管理技术。这种技术能够使大量服务器协同工作，方便地进行业务部署，快速发现和修复系统故障，通过自动化和智能化的方式实现大规模系统的可靠运行。具体到产品，如谷歌、微软、甲骨文等公司的云管理平台已经在市场上得到广泛应用。同时，Hadoop、OpenStack、Xen 等开源软件也已经成为云计算平台的实现基础。

（四）云安全保护技术

在云环境中，保障安全性是一个关键且复杂的任务，因为云环境涉及的安全挑战包括资源隔离、安全事件管理和数据保护等多个方面。尤其是在虚拟化环境中，如何保证虚拟机隔离、安全的虚拟机迁移、虚拟网络隔离以及安全事件和访问监控，是云安全需要面对的挑战。

云计算安全涉及多个层面，包括网络安全、服务器安全、软件安全和系统安全。云环境中的工作负载通常是与物理硬件相分离的，并且是通过资源池结构进行交付的。因此，云计算的安全性必须适应这种环境，保护网络边缘的物理边界，这就要求人们将传统的安全技术提升到一个新的水平。

第四节　人工智能技术

一、解读人工智能

（一）人工智能的概念

人工智能是研究、开发用于模拟、延伸和扩展人的智能的理论、方法、技术及应用系统的一门新的技术科学。人工智能是计算机科学的一个分支，它试图发现智能的实质，并生产出一种新的能用与人类智能相似的方式做出反应的智能机器，该领域的研究包括机器人、语言识别、图像识别、自然语言处理和专家系统等。

人工智能本身的意义在于人类想要让机器具备人的能力，代替人来完成一些工作，尤其是高危或者烦琐的工作，这样既可以解放生产力，又可以避免危险和犯错。人类的学习能力是值得深入研究的，能够通过已有知识形成系统的框架，并在此基础上进行判断、推理、识别，甚至创造出新的知识，具备这种学习能力就是人工智能想要实现的最终目标。

（二）人工智能的分类

根据人工智能是否能真正实现推理、思考和问题解决，可以将人工智能分为弱人工智能和强人工智能。

1. 弱人工智能

弱人工智能，又被称为窄人工智能，是人工智能的一种形式，专注于执行特定任务。它不具备真正的认知能力，也就是说，虽然弱人工智能非常擅长执行特定任务，如语音识别、图像识别或者推荐系统等，但它并不能理解或者学习除特定任务外的其他任务。搜索引擎、个人助理及在线推荐系统，都是弱人工智能的典型例子。它们在特定领域表现得十分出色，但如果让它们去执行超出其训练范围的任务，它们就无能为力了。

尽管弱人工智能的能力有限，但它在日常生活和工业领域都有非常广泛的应用。从智能家居设备的语音控制到自动驾驶汽车的环境感知，再到医疗影像的自动识别和诊断，弱人工智能正在深入人类生活的各个方面，改变着人们的生活和工作方式。

2. 强人工智能

与弱人工智能不同，强人工智能具有广泛的认知能力，又被称为广义人工智能。强人工智能的理想状态是能够理解、学习和应用知识，从而可以处理任何人类可以处理的智力任务。

强人工智能的目标是实现真正的人类级别的思维。也就是说，强人工智能应当能够理解自己所处理的信息，理解自己的存在，并能够进行自我改善。在理论上，强人工智能应该能够进行抽象思维，理解复杂的概念，甚至有自我意识。

然而，强人工智能目前还处在研究的理论阶段，尚未在实践中得到应用。尽管科技巨头和研究机构正在积极推进强人工智能的研究，但这还是一个极具挑战性的领域，人们还需要更深入地理解人类的思维机制和认知过程，才能创建出真正的强人工智能。

二、人工智能技术的关键技术

(一)机器学习

人工智能的核心技术之一是机器学习,它涉及统计学、系统辨识、逼近理论、神经网络、优化理论、计算机科学和脑科学等多个领域。

基于学习模式的分类,机器学习可分为监督学习、无监督学习和强化学习。监督学习依赖已标记的训练数据集,学习其中的模式以对新数据进行预测或分类。无监督学习则从未标记的数据中寻找潜在的结构或规律。强化学习则关注智能系统从环境到行为的学习过程,以最大化某种形式的强化信号。

机器学习的学习方法可以分为传统机器学习和深度学习。传统机器学习方法如逻辑回归、支持向量机、K近邻等,试图从一些观测样本出发,发现规律以实现对未来数据行为或趋势的准确预测。深度学习则是机器学习的一个新兴领域,它主要关注建立深层结构的模型,如深度置信网络、卷积神经网络、受限玻尔兹曼机和循环神经网络等。

在机器学习的领域中,还有一些特殊的学习方法,如迁移学习、主动学习和演化学习。迁移学习指的是当在某一个领域无法获取足够多的数据进行模型训练时,可以利用另一个领域数据的学习规律。主动学习则是指通过查询最有用的未标记样本,然后由专家对其进行标记,从而提高模型的精度。而演化学习则主要用于解决复杂的优化问题。

一些开源的深度学习框架,如 Tensorflow、Caffe/Caffe 2、CNTK、MXNet、PaddlePaddle、Torch/ PyTorch、Theano 等,为深度学习研究人员提供了丰富的工具和资源,从而支持了深度学习的研究与应用。

(二)知识图谱

知识图谱,一种由节点和边组成的图数据结构,以符号形式描述物理世界中的概念及其相互关系。这种数据结构的核心组件是"实体–关系–实体"的三元组,以及与实体相关的"属性–值"对。在知识图谱中,各种实体通过关系互相连接,形成一个网络状的知识结构。简单地说，知识图谱就是将所有类型的信息连接在一起形成的关系网络，它提供了一种从关系的角度分析问题的可能。

知识图谱在多个领域都有广泛的应用。例如，它可以用于公共安全领域的反欺诈、不一致性验证和反集团欺诈等任务，这些任务需要利用异常分析、静态分析、动态分析等数据挖掘方法。此外，知识图谱在搜索引擎、可视化展示和精准营销等领域也有巨大的优势，已经成为业界热门的工具。

然而，知识图谱的发展也面临一些挑战，如数据噪声问题。随着知识图谱的应用越来越深入，还有一系列关键技术需要突破。尽管如此，知识图谱作为一种结构化的语义知识库，在人工智能领域的重要性仍不可忽视。相信未来，知识图谱的进一步发展和应用将对人工智能的研究和应用产生深远影响。

（三）自然语言处理

自然语言处理是计算机科学和人工智能领域的一个重要分支，主要研究如何让计算机理解、处理和生成人类的自然语言，从而实现人与计算机用自然语言进行有效沟通的目的。自然语言处理的主要子领域包括机器翻译、语义理解和问答系统。

1.机器翻译

机器翻译是自然语言处理的一个重要部分，它利用计算机技术，可以将一种自然语言翻译成另一种自然语言。传统的基于规则和示例的机器翻译方法已经被基于统计和深度神经网络的机器翻译方法所取代，这些新的方法突破了传统方法的限制，大幅提升了翻译的准确性。其中，基于深度神经网络的机器翻译，特别是端到端的机器翻译，已经在多种场景中表现出强大的潜力。

端到端的机器翻译通常采用递归神经网络或卷积神经网络对句子进行表征建模，从海量训练数据中抽取语义信息，其翻译结果比基于短语的统计翻译更加流畅和自然。未来，随着语境表征和知识逻辑推理能力的进一步发展，机器翻译将在多轮对话翻译、篇章翻译等领域取得更大的进步。

2.语义理解

语义理解是另一个重要的自然语言处理子领域，它利用计算机技术对文本进行深入理解，能回答与文本内容相关的问题。语义理解注重对上下文的理解和对答案精准度的把控。当前，基于深度学习的语义理解方法，如基于注意力的神经网络方法，得到广泛应用。未来，随着技术的进一步发展，语义理解将进一步提高问答和对话系统的精度，从而在智能客服、产品自动问答等领域发挥更重要的作用。

3.问答系统

问答系统是让计算机像人类一样用自然语言与人进行交流的技术。人们可以向问答系统提交用自然语言表达的问题，问答系统则会返回相关性较高的答案。虽然问答系统已经在信息服务系统和智能手机助手等领域有了不少应用，但系统的稳健性仍然需要提高。

（四）人机交互

人机交互主要研究人和计算机之间的信息交换，主要包括人到计算机和计算机到人的两部分的信息交换，是人工智能领域的重要外围技术。人机交互技术除了包括传统的基本交互和图形交互外，还包括语音交互、情感交互、体感交互及脑机交互等技术。

1.语音交互

语音交互是人与计算机之间的一种高效交互方式，用户通过自然语音与计算机进行交互，而计算机则通过机器合成语音进行响应。这种交互方式综合了语言学、心理学、工程和计算机技术等多个领域的知识。语音交互技术不仅需要对语音进行采集、识别和合成，还需要深入理解人在语音通道下的交互行为和机制。相比其他的交互方式，语音交互更自然、便捷，有可能为人机交互带来根本性的变革。

2.情感交互

情感交互是一种通过传递情感来增强交互效果的交互方式。它可以引发人的记忆和情感，从而提升交互的效果和体验。传统的人机交互往往无法理解和适应用户的情绪，缺乏情感的理解和表达能力。情感交互技术致力于赋予计算机理解和生成情感的能力，使计算机能像人一样进行自然、亲切、生动的交互。情感交互已经成为人工智能领域的热门研究方向。

3.体感交互

体感交互是一种基于体感技术的交互方式，用户可以通过直接的身体动作与周围的数字设备和环境进行交互，无需借助复杂的控制系统。体感交互技术包括运动追踪、手势识别、运动捕捉、面部表情识别等技术。相比其他交互方式，体感交互更自然，用户的行动约束较小。体感交互技术已在游戏娱乐、医疗辅助与康复、全自动三维建模、辅助购物、眼动仪等领域得到广泛应用。

4.脑机交互

脑机交互，又称脑机接口，是一种无需依赖外围神经和肌肉，直接实现大脑与外界信息传递的通路。脑机接口系统通过检测中枢神经系统活动，将其转化为人工输出指令，能够替代、修复、增强、补充或改善中枢神经系统的正常输出。脑机交互通过解码神经信号，实现脑信号到机器指令的转换。根据信号传输方向、信号生成类型和信号源的不同，脑机接口有多种分类方式。

（五）计算机视觉

计算机视觉是一门致力于让计算机获得类似人类的视觉处理和理解能力的技术，包括图像的获取、处理、分析和理解。该技术的发展和应用正迅速扩大到自动驾驶、机器人技术、医疗影像诊断等领域。根据解决的问题，计算机视觉主要可以分为五大类：计算成像学、图像理解、三维视觉、动态视觉和视频编解码。

1.计算成像学

计算成像学是一门研究和模拟人眼和相机成像原理的科学。在相机成像原理方面，计算成像学不断改进现有的可见光相机，并推动新型相机的产生，以适应不同的拍摄环境。此外，计算成像学也能提升相机的拍摄能力，使在受限条件下拍摄的图像更加完美，如实现图像去噪、去模糊、暗光增强、去雾霾等。

2. 图像理解

图像理解是通过用计算机系统对图像进行解释，实现类似人类视觉系统理解外部世界的一门科学。这一理解过程可以分为三个层次：浅层理解（如图像边缘、图像特征、纹理元素等）、中层理解（如物体边界、区域与平面等）和高层理解（如识别、检测、分割、姿态估计、图像文字说明等）。

3. 三维视觉

三维视觉技术主要研究如何获取和理解三维信息。在获取信息的方法上，根据信息来源的不同，三维重建可以分为单目图像重建、多目图像重建和深度图像重建等。在理解信息的层次上，三维信息理解可以分为浅层（如角点、边缘、法向量等）、中层（如平面、立方体等）和高层（如物体检测、识别、分割等）。三维视觉技术在机器人、无人驾驶、智慧工厂和 VR/AR 等领域有广泛应用。

4. 动态视觉

动态视觉，即分析视频或图像序列，模拟人类处理时序图像的方式的科学。动态视觉问题通常可以定义为寻找图像元素在时序上的对应关系，以及提取其语义信息。动态视觉被广泛应用在视频分析及人机交互等领域。

5. 视频编解码

视频编解码技术主要通过压缩技术将视频流进行编码和解码。视频流传输中最为重要的编解码标准包括 H.261、H.263、H.264、H.265、M-JPEG 和 MPEG 系列标准等。视频压缩编码主要分为无损压缩和有损压缩。无损压缩能保证数据的完整性，有损压缩虽然会使数据有所丢失，但不会对原始资料所表达的信息产生误解。视频编解码技术被广泛应用于视频会议、可视电话、视频广播、视频监控等领域。

（六）生物特征识别

生物特征识别是一门通过个体生理特征或行为特征对个体身份进行

识别的技术，包括指纹识别、人脸识别、虹膜识别、指静脉识别、声纹识别及步态识别等。

1.指纹识别

指纹识别的过程分为三个步骤，首先需要通过光、电、力、热等物理传感器获取指纹图像，然后对指纹图像进行数据处理，包括预处理、畸变校正、特征提取等过程，最后对提取的特征进行分析判别完成指纹识别。

2.人脸识别

人脸识别技术是计算机视觉的典型应用，其过程包括人脸检测定位、面部特征提取以及人脸确认。这一技术的应用受到光照、拍摄角度、图像遮挡、年龄等因素的影响，因此，虽然在约束条件下人脸识别技术相对成熟，但在自由条件下仍需不断改进。

3.虹膜识别

虹膜识别的理论框架主要包括虹膜图像分割、虹膜区域归一化、特征提取和识别四个部分。其中主要难题来自传感器和光照的影响。虹膜尺寸小且受黑色素遮挡，需在近红外光源下采用高分辨图像传感器才可清晰成像；对传感器质量和稳定性要求比较高。另外，光照强弱变化会引起瞳孔缩放，导致虹膜纹理产生复杂形变，增加了匹配的难度。

4.指静脉识别

指静脉识别技术利用了人体静脉血管中的脱氧血红蛋白对特定波长范围内的近红外线有很好的吸收作用这一特性，采用近红外光对指静脉进行成像与识别。指静脉属于人体内部特征，不受外界影响，因此模态特性十分稳定。指静脉识别技术应用面临的主要难题来自成像单元。

5.声纹识别

声纹识别是基于语音特征识别说话人的技术。该技术通常分为前端处理和建模分析两个阶段。识别过程是将某段来自某个人的语音经过特征提取后，与复合声纹模型库中的声纹模型进行匹配。常用的识别方法包括模板匹配法、概率模型法等。

6.步态识别

步态识别技术通过身体体型和行走姿态来识别人的身份。相比其他生物特征识别，步态识别的技术难度更大，因为需要从视频中提取运动特征，并需要高要求的预处理算法。然而，步态识别具有远距离、跨角度、光照不敏感等优势，对远距离复杂场景的身份识别有重要应用。

第五节 数据挖掘技术

一、数据挖掘的概念与特点

（一）数据挖掘的概念

数据挖掘是从大量数据中提取有价值的知识和信息的过程，是数据科学和机器学习领域中的一项重要技术。数据挖掘过程包括对数据的清洗、集成、转换、加载、建模，以及对模型进行评价和理解。数据挖掘不仅关注数据的处理和分析，也关注如何将这些数据转化为有用的知识和信息。这些知识和信息能够支持决策制定、预测未来的趋势、发现数据中的模式和关联等。例如，零售商可以通过数据挖掘技术，预测哪些产品在下一季度会受到消费者的欢迎；银行可以利用数据挖掘技术，评估贷款申请者的信用风险；医疗机构可以通过数据挖掘技术，预测某种疾病的发病率等。

（二）数据挖掘的特点

1.数据量巨大

数据挖掘常常涉及大规模的数据集，因此，如何有效地找出数据之间的关系，是使用全部数据还是随机或有目的地使用部分数据，如何高效地存取数据等，都是数据挖掘中需要考虑的问题。

2.数据质量得不到保证

数据挖掘处理的数据常常是因其他目的收集的，或者在收集时并未明确目的，这就带来了一个问题，即使用的数据中可能会缺少一些在数据挖掘中非常重要的变量。

二、数据挖掘的过程

数据挖掘的过程一般可以分为 3 个阶段：数据准备、模式发现与挖掘结果。

（一）数据准备阶段

数据挖掘的第一阶段的主要目的是为后续模式发现提供高质量的输入数据。此阶段的工作主要包括数据清洗、数据集成、数据变换和数据归约。其中，数据清洗是去除数据源中错误的、不完整的、不一致或不符合要求的数据；数据集成是将来自多个数据源的数据进行统一存储；数据变换是根据分析需求对数据进行转换；数据归约是通过减少数据量或降低数据维度来提升挖掘算法的效率和质量。数据准备也被称为数据预处理，是数据挖掘中的一项关键任务。

（二）模式发现阶段

模式发现阶段是数据挖掘过程的核心阶段，重要任务是确定挖掘的目标，然后选择合适的挖掘算法，如关联规则、聚类、分类等。通过对历史数据的分析，结合用户需求和数据特性，得到供决策使用的各种模式和规则，选择合适的算法进行实际的挖掘操作，得出挖掘结果，即相关的模式。这是数据挖掘中最核心、难度最大的部分。

（三）挖掘结果阶段

挖掘结果阶段关注如何以直观、易理解的方式展现挖掘出的规则和模式，即进行可视化表示。数据挖掘得到的模式可能并不理想，甚至可能并不满足用户需求，因此需要对挖掘结果进行评估，无关的模式或模式中的冗余需要被删除，对于不满足用户需求的模式，可能需要重新选择数据，重新进行数据准备和数据挖掘，直至结果符合用户需求。值得注意的是，挖掘结果需要清晰明了，显示为用户可理解的形式。

三、数据挖掘的任务

数据挖掘的任务主要包括六个方面，如图 3-5 所示。

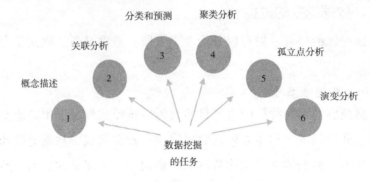

图 3-5　数据挖掘的任务

（一）概念描述

概念描述主要是对数据库中的大量细节数据进行简洁描述，涉及搜索和标识数据库子集，并将其快速、准确地装入内存，以便于运行分析算法。概念描述可以提供一类数据的总览，或将其与对比类进行区分，使得用户能够方便、灵活地从不同的粒度和不同的角度描述数据集。

（二）关联分析

关联分析的目的是在大量数据中发现项集间的有趣关联。这种关联规则的挖掘对于制定商务决策十分有帮助。

（三）分类和预测

分类和预测是两种数据分析形式，可以用于提取描述重要数据类的模型或预测数据未来的趋势。其中分类模型的应用非常广泛，如银行可以通过建立分类模型对贷款客户进行分类，以降低贷款风险；工厂可以利用分类模型对机器运行情况进行预测，以防机器故障。

（四）聚类分析

聚类分析是根据最大化类内相似性和最小化类间相似性的原则进行聚类，使得同一类的对象具有高度相似性，而与其他类的对象具有显著不同。这样形成的每个类都可以看作一个对象类，可以从中导出规则。

（五）孤立点分析

数据库中可能存在一些数据对象，其行为或模式与数据的一般行为或模式不一致，这些数据对象被称为孤立点。虽然许多数据挖掘算法试图最小化孤立点的影响或排除它们，但在一些应用中，孤立点本身可能包含非常重要的信息，如欺诈行为。

（六）演变分析

演变分析关注行为随时间变化的规律和趋势，并对其进行建模。例如，可以从股票交易数据中挖掘出股票市场和特定公司的股票演变规律，以帮助股民预测股票市场的未来走向和做出投资决策。

四、常用的数据挖掘工具

常用的数据挖掘工具主要包括以下几种。

（一）WEKA

WEKA 是由新西兰的怀卡托大学基于 Java 环境开发的一个免费、非商业化的数据挖掘软件。WEKA 提供了大量的机器学习算法，支持数据预处理、分类、回归、聚类、关联规则和可视化等功能。由于其开源性质，用户可以在 WEKA 的基础上进行二次开发，将新的算法嵌入WEKA 中。

（二）VisuMap

VisuMap 是一款专注于可视化的数据挖掘工具，适用于理解高维度、复杂、大型或困难的非线性数据。VisuMap 将数据以多维度的方式呈现给用户，被广泛应用于制药学、生物信息学、财务分析、市场分析、电信行业等领域。

（三）Knowledge SEEKER

Knowledge SEEKER 是一款支持数据分析、数据可视化和决策树等功能的数据挖掘工具。它支持从 SAS、SPSS 等数据源文件中导入数据，帮助用户了解项目中的关键驱动因素，并以图形或表格的形式导出。Knowledge SEEKER 广泛应用于网络分析、市场营销、项目风险评估等领域。

（四）QDAMiner

QDAMiner 是一款基于混合方法分析定性数据的数据挖掘软件，支持编码、注释、检索及分析小型和大型文档与图像的集合，无缝集成统计数据分析工具和文本挖掘工具，主要应用在医学、心理学、文献管理和文档管理等领域。

（五）Intelligent Miner

Intelligent Miner 是国际商业机器公司（International Business Machines Corporation，IBM）推出的一套数据挖掘工具，包括 Intelligent Miner for Data 和 Intelligent Miner for Text。前者专注于对数据库、数据仓库和数据中心中的隐含信息进行挖掘，后者专注于对文本信息进行数据挖掘。该套工具已经成功应用于市场分析、客户关系管理等领域。

第四章 数智技术赋能智慧图书馆数字资源建设

第一节 对图书馆数字资源的基础认识

一、图书馆数字资源的概念

图书馆的数字资源是指通过信息技术手段，将纸质图书、期刊、报纸、论文、图片等形式的信息资源转化为数字形式，并进行组织、存储、检索和传播的资源，包括电子书、电子期刊、数据库、数字图像、音视频文件、电子地图、电子档案等。这些资源可以是图书馆自身创造的，也可以是通过购买或许可协议获得的，还可以是来自互联网的开放资源。

数字资源为读者提供了便捷的访问方式，同时，数字化也有助于保护和保存脆弱或珍贵的物质资源。

二、图书馆数字资源的特点

图书馆数字资源的生产方式、载体材料、记录类型等与传统纸质文献资源完全不同。具体而言，其特点突出体现在以下四个方面，如图4-1所示。

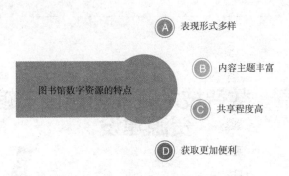

图 4-1　图书馆数字资源的特点

（一）表现形式多样

在信息化时代，图书馆数字资源的表现形式非常丰富，包括但不限于电子书籍、商业数据库、书目数据库、索引数据库、统计报表、电子地图和电子留言板等。这些资源的形式有静态的，如文字、图表和网页，也有动态的，如视频、音频和多媒体演示。这种多样化的表现形式丰富了图书馆的信息服务内容，满足了读者多元化的需求。

借助计算机，可以对数字资源进行任意组合和编辑，这使得资源格式可以随时更新和变换。例如，可以将文字、图表和视频等不同类型的资源组合在一起，形成一套综合性的学习材料；也可以将同一主题的不同资源整合在一起，形成一个专题资源包。这种组合形式增加了信息的价值，提高了信息的使用效率。

此外，数字资源的多样化表现形式也使得信息的组织方式发生了巨大变化。传统的纸质资源通常按照特定的分类体系进行组织，而数字资源则可以按照信息的逻辑关系进行组织，形成一个知识网络。该网络中的每一个节点都是一个知识或信息单元，可以通过链接和标签将这些单元关联在一起。这样的组织方式充分展示了信息单元之间的逻辑关系，为读者提供了一个更直观、更便捷的信息检索环境。

（二）内容主题丰富

图书馆数字资源内容主题的丰富性，是其显著特点之一。图书馆在收集和整理数字资源时，会将各个学科、各个领域的资料纳入其中，以满足各类读者的需求。具体来讲，图书馆的数字资源不仅包括文学、历史、艺术、科学技术领域的内容，还包括民族学、地理学、宗教学等领域的内容。

图书馆数字资源丰富的内容主题不仅能满足读者的学术需求，也能满足读者的兴趣爱好和生活需求。例如，图书馆数字资源中的大量学术论文和研究报告，可以供需要做研究的读者参考学习；图书馆数字资源中大量各种题材的小说，可以供喜欢读小说的读者阅读；图书馆数字资源中关于绘画技巧的资料，可以供喜欢画画的读者学习。因此，无论是学习、工作需求，还是生活消遣需求，读者都能够从图书馆的数字资源中找到他们需要的资料。

图书馆数字资源内容主题的丰富性，表现在其包含的各种形式的资源上。这些资源包括但不限于书籍、期刊、报纸、音视频、图片、地图、数据库等，这些不同形式的资源，不仅可以满足读者的不同需求，也能够丰富读者的阅读体验。例如，对于视觉学习者，视频和图片资源可以帮助他们更好地理解和记忆信息；对于听觉学习者，音频资源可以帮助他们通过听觉来学习和获取信息。

此外，图书馆数字资源内容主题的丰富性，还表现在其能够包含各种视角和观点上。这种包容性使得读者能够从多个角度去理解同一个问题，从而形成全面和深入的认识。

（三）共享程度高

数字资源是通过现代信息技术生成的，具有非常高的共享性。与传统的纸质资源相比，数字资源有两个显著的优点：第一，数字资源可以进行无损复制。这意味着无论复制多少次，复制品都与原件完全一样，没有任何差异。因此，数字资源本质上是一种易于共享的资源。第二，数字资源是以计算机编码形式存储的，可以通过电子设备进行读取和传输。这种传输方式不受时间和空间的限制，方便远距离传输，大大提高了资源的共享性。

（四）获取更加便利

数字资源是以二进制电子信号作为存储符号的，其存储和传输依赖电流通信或光波传递，因此具有非常强的存储和传递能力。在计算机软件高度发达的时代，信息检索速度更快，读者可以进行多途径检索，且不受时间和地点的限制。

在数字资源时代，超文本检索、图像检索和流媒体检索等多种检索方式为读者提供了便利。通过超文本检索，读者可以跨库检索不同国家、地区、文本、语种的信息，实现一次性的全面检索，这种方式快捷、方便，大大提高了信息的获取效率。

四、图书馆数字资源的类型

在当今信息时代，图书馆的数字资源已经成为人们获取和共享信息的重要途径。了解图书馆数字资源的分类可以帮助人们更好地管理和使用这些资源。本部分将根据数字资源的性质和功能、生产途径和发布范围、存储载体对数字资源进行分类。

（一）根据数字资源的性质和功能分类

根据数字资源的性质和功能，数字资源可以划分为一次文献、二次文献和三次文献。

1. 一次文献

一次文献是最原始的信息资源，包括数字图书、数字期刊、事实数据库和学术网站等。一次文献是信息的直接来源，它们直接记录了原始数据和信息，如研究报告、学术论文等。这些资源的特点是信息原始性强、内容丰富，对学术研究和知识获取具有非常重要的价值。

2. 二次文献

二次文献是对一次文献进行加工和整理的资源，如参考数据库、网络资源导航、搜索引擎或分类指南等。二次文献的主要作用是帮助读者快速、准确地找到所需的一次文献，通过对原始信息的整理和分类，大大提高了信息检索的效率。

3. 三次文献

三次文献是对二次文献进行整理和分析的资源，如元搜索引擎等。三次文献的主要作用是提供更深入、全面的信息检索服务，如通过对大量的二次文献进行分类、排序，帮助读者在海量信息中精准定位所需信息。

（二）根据数字资源的生产途径和发布范围分类

根据数字资源的生产途径和发布范围，数字资源可以划分为商用数字资源、网络公开学术资源、特色资源和其他资源。

1. 商用数字资源

商用数字资源是由正式的出版机构或数据库商出版发行的数字资源，包括各类数据库、数字图书、数字期刊和数字报纸等。这些资源的特点是信息质量高、专业性强，通常需要付费才能使用。

2. 网络公开学术资源

网络公开学术资源是面向公众开放的资源，包括学术团体、行业协会、政府机构、商业部门和教育机构等发布的信息。这些资源的特点是开放性强、覆盖范围广，对普及知识、提高公众科学素养具有重要作用。

3. 特色资源

特色资源主要是基于各教育机构、政府机关和图书馆的一些特色收藏制作。这些资源的特点是具有独特的价值和魅力，如珍贵的历史文献、艺术作品等。

4. 其他资源

其他资源包括新闻组、网络论坛、博客、电子邮件等。这些资源的特点是形式多样、内容丰富，为读者提供了更多元的信息选择。

（三）根据存储载体分类

根据数字资源的存储载体，数字资源可以划分为磁盘型数字资源、光盘型数字资源、网络型数字资源。

1.磁盘型数字资源

磁盘型数字资源是指存储在硬盘或其他磁性存储设备上的资源。磁盘存储的优点在于其存储容量大，读取速度快，便于批量复制和传输。对于一些需要频繁访问和使用的资料，如电子教材、教学录像等，磁盘存储是理想的选择。然而，磁盘的物理耐用性有限，可能面临被磁化、损坏或丢失的风险。

2.光盘型数字资源

光盘型数字资源是指通过激光技术，将数字资源烧录到光盘上。光盘存储的主要优点在于其存储稳定，寿命较长，适合长期保存，且成本相对较低。但是，光盘的存储空间有限，且读取速度一般比磁盘要慢，通常用于存储大型数据库或备份文件。

3.网络型数字资源

网络型数字资源是指存储在网络服务器上，并通过互联网进行传输和访问的资源。网络存储具有便于共享、随时随地访问等显著优点。它可以让无数的读者同时获取信息，极大地提高了资源利用率。但这也需要稳定的网络环境和良好的网络安全防护措施。

第二节　数智技术赋能智慧图书馆数字资源挖掘

一、智慧图书馆数字资源挖掘的概念与对象

（一）智慧图书馆数字资源挖掘的概念

随着社会的发展，人们进入信息大爆炸时代，信息量和数据量呈爆发式增长趋势，随之出现数据过剩、信息爆炸、知识贫乏等问题，人们被淹没在数字海洋中。数据挖掘就是从海量的信息中挖掘出有效的信息。

数据挖掘与传统数据分析方法，如查询、报表、联机分析等，有着本质的区别。数据挖掘是在没有明确假设的前提下进行知识发现，即数

据挖掘是要发现不依靠经验的知识，挖掘出的信息越出乎意料就可能越有价值。

对智慧图书馆数字资源进行挖掘，就是运用数据挖掘技术，挖掘并提取检索、文本自动化处理、读者服务、图书馆数字资源建设等方面的有用信息，从而为读者提供更好的服务，辅助智慧图书馆管理人员做决策。

（二）智慧图书馆数字资源挖掘的对象

智慧图书馆数字资源挖掘的对象主要包括以下几类。

1. 关系数据库

关系数据库基于关系数据模型构建，其数据存储在二维表格中。关系数据库的结构化特性使得数据挖掘相对容易进行，也使其成为数据挖掘的重要来源。在智慧图书馆数字资源中，关系数据库包含图书、读者、借阅记录等各种信息。挖掘这些信息，可以帮助智慧图书馆更好地理解读者需求、优化智慧图书馆服务等。

2. 数据仓库

数据仓库将来自不同数据源的信息整合到一起，提供了一个面向主题、集成、相对稳定且反映历史变化的数据集合。对该数据集合进行深入的数据挖掘，可以帮助智慧图书馆管理人员了解图书馆运营的整体情况，并预测未来的发展趋势。

3. 事务数据库

事务数据库记录了一系列事务。在智慧图书馆中，典型的事务可以是借书和还书等，事务数据库会记录这些事务的所有详细信息。通过挖掘事务数据库，智慧图书馆管理人员可以发现读者的借阅行为模式，优化图书的采购和布局。

4. 空间数据库

在智慧图书馆中，在特定的领域，如地理学领域，空间数据库非常重要。空间数据的挖掘，可以帮助智慧图书馆管理人员发现隐藏在地理信息或图像中的有价值的信息。

5. 时间序列数据库

时间序列数据库存储的是与时间相关的数据，如图书的借阅与归还时间。通过挖掘这些数据，智慧图书馆管理人员可以了解其服务的季节性或周期性变化，以更好地调整服务和资源。

6. 流数据

流数据是连续的、有序的、快速变化的、大量的输入数据，如智慧图书馆的实时访问流量。对流数据进行挖掘，可以实时监控智慧图书馆服务的使用情况，及时发现和解决问题。

7. 多媒体数据库

多媒体数据库管理的是图像、音视频等类型的数据。这种类型的数据需要特殊的存储和检索技术，使用的挖掘方法也与文本和数值数据的不同。挖掘多媒体数据库，可以提升智慧图书馆多媒体资源的使用效率和读者满意度。

8. 文本数据库

文本数据库可以存储各种类型的文件，包括无结构文本（如网页）、半结构文本（如 XML 数据）、结构文本（如图书馆的目录数据）。文本数据挖掘，可以帮助智慧图书馆改善其信息服务。

9. 万维网数据

万维网数据是一个非常庞大的、复杂的、动态变化的数据源。挖掘万维网数据，可以帮助智慧图书馆管理人员了解信息的发展趋势，提升图书馆的信息服务质量。

二、数据挖掘技术在智慧图书馆数字资源挖掘中的应用

数据挖掘是一个反复的过程，是一个不断得到问题的优化解决方案、不断趋近事物的本质规律的过程。在数据挖掘的不同阶段，需要不同方面的专家合作完成业务的分析、数据的分析和数据的管理等工作。在智慧图书馆数字资源的挖掘中，数据挖掘技术发挥着非常重要的作用，具体来说，应用数据挖掘技术挖掘智慧图书馆数字资源大致

可分为七步，如图 4-2 所示。

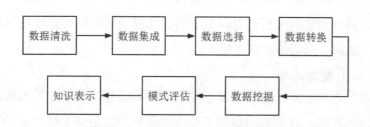

图 4-2　应用数据挖掘技术挖掘智慧图书馆数字资源的流程

（一）数据清洗

数据清洗是数据挖掘流程的首个步骤，也是至关重要的一个环节。智慧图书馆的数字资源中可能包含大量的冗余信息、无关信息、错误信息或缺失数据，这些都需要在数据清洗环节得到处理。数据清洗的主要任务就是通过各种技术手段，检测与处理缺失值，消除重复信息，纠正错误信息，最终提升数据的质量。例如，存在的借阅时间错误或者某本书的类别标签错误，都需要在这个步骤进行纠正。同时，还要处理那些明显与主题无关的数据，如在挖掘读者阅读偏好的过程中，读者的身高、体重等信息就显得不那么相关。数据清洗的过程就是对原始数据进行"打磨"，去掉其中的"杂质"，让它们呈现出更纯粹、更贴近真实的样子。这一步骤需要足够的耐心和精细的操作，因为只有清洗过的数据，才能更准确地反映真实情况，从而为后续的数据挖掘工作打下良好的基础。

（二）数据集成

数据集成主要是将来自多个数据源的数据进行集合与整合。智慧图书馆的数据资源通常来自多个渠道，如图书借阅系统、在线查询系统、读者反馈系统等。每个系统都会生成大量的数据，而这些数据可能格式不同、存储方式不一，甚至存在冲突，因此需要将这些数据统一起来，形成一个一致的数据视图。形成数据视图的过程需要进行数据格式的转换、数据冲突的解决、数据关联的建立等。例如，读者在图书借阅系统的 ID 和在线查询系统的 ID 需要进行关联，以确保它们代表的是同一个读者。只有当这些数据被有效集成后，才能为后续的数据挖掘工作提供完整、全面、准确的数据支持。

（三）数据选择

数据选择主要是根据数据挖掘的目标和任务，从整合后的数据中选择对目标有用、有贡献的数据子集进行分析。这是一个将"全局"数据精细化到"局部"数据的过程。例如，如果目标是挖掘读者的阅读偏好，那么可能需要选择包含读者信息、借阅信息、书籍信息的数据，而忽略那些关于设施设备使用的数据。数据选择主要通过查询、抽样等方式进行。数据选择的过程需要对数据的重要性进行评估，根据数据对目标任务的贡献度进行筛选，这样可以减少不必要的计算量，提高数据挖掘的效率和精度。数据选择的目的不仅在于选出最有价值的数据，还在于通过精选数据更准确地揭示数据的本质，从而更好地完成数据挖掘任务。

（四）数据转换

数据转换主要是将数据从原始形式转换成更适合数据挖掘的形式。在智慧图书馆数字资源挖掘过程中，需要对数据进行各种转换。这个转换过程通常涉及多种数据预处理技术，包括数据规范化、数据离散化、数据编码等。例如，原始的读者年龄数据可能是连续的，为了方便数据挖掘，可能需要将其离散为若干年龄段；原始的书籍分类数据可能是文本形式的，为了方便数据挖掘，可能需要将其编码为数字形式。数据转换可以帮助人们更好地理解数据，使数据更适合特定的数据挖掘算法，提高数据挖掘的效率。

（五）数据挖掘

数据挖掘是利用各种数据挖掘方法，从数据中提取有用的模式和知识。数据挖掘的常用方法有分类、聚类、回归分析、关联规则、离群点检测、演化分析、序列模式挖掘等。

1.分类

分类是数据挖掘中最常用的一种方法，它的目标是通过对已有数据的学习，建立一个分类模型，然后用这个模型对新的数据进行预测。例如，在智慧图书馆的数字资源挖掘中，可以根据读者的借阅记录和个人信息，构建一个读者分类模型，如将读者分为"文学爱好者""科学研究者""生活指南者"等，然后根据这个模型对新的读者进行预测，判断他们可能属于的类别。这样就可以为每个类别的读者提供更符合他们需求的服务，如推荐他们可能感兴趣的图书，或者为他们定制专门的活动。分类模型可以用决策树、神经网络、支持向量机等多种算法来实现，选择哪种算法需要根据实际的数据特性和业务需求来决定。

2.聚类

聚类与分类类似，都是将数据划分为几个类别，但聚类是无监督的学习方法，不需要预先的类别标签，而是根据数据本身的相似性来划分。例如，在智慧图书馆的数字资源挖掘中，可以根据读者的借阅记录进行聚类，将有相似借阅行为的读者划分到一起，这样就可以找出一些不同的读者群体，如热衷于历史题材的读者群、偏爱科幻小说的读者群等。这对于理解读者的行为模式、提供个性化服务、进行精准营销等都是非常有帮助的。聚类的算法有很多种，如 K-means 算法、层次聚类算法、密度聚类算法等。

3.回归分析

回归分析是用来建立一个或多个变量（自变量）和一个响应变量（因变量）之间的数学模型。这种模型可以帮助智慧图书馆管理人员预测或估计因变量的值。例如，管理人员可以通过建立回归模型预测某本书未来的借阅量，自变量可以包括这本书的作者、出版年份、主题、以往的借阅历史等因素。这对制定图书采购、库存管理、读者服务等决策都是非常有帮助的。回归分析的常用方法有线性回归、多项式回归、逻辑回归等。

4.关联规则

关联规则是用来发现数据之间的有趣关系的一种方法，常用于购物篮分析、推荐系统等场景。在智慧图书馆的数字资源挖掘中，可以通过关联规则挖掘读者的借阅行为，找出哪些书籍经常被一起借阅。例如，发现喜欢借阅《哈利·波特》系列的读者，也会经常借阅其他的魔幻类图书，这就是一个关联规则。这些规则可以用来为读者推荐图书，帮助读者发现他们可能感兴趣的新书。关联规则的常用算法有 Apriori 算法、FP-Growth 算法等。

5.离群点检测

离群点检测是找出那些与大多数数据明显不同的数据点，这些数据点被称为离群点或异常值。在智慧图书馆的数字资源挖掘中，离群点检测可以用来检测异常的借阅行为，如一次性大量借阅或频繁借还，可能会是系统错误，或者是读者的恶意行为。通过检测出这些离群点，可以及时对问题进行处理，以保证智慧图书馆的正常运营。离群点检测的方法有很多种，如基于统计的方法、基于距离的方法、基于密度的方法等。

6.演化分析

演化分析用来分析数据随时间变化的规律，如趋势、周期性等。在智慧图书馆的数字资源挖掘中，可以通过演化分析研究图书的借阅趋势，找出哪些书籍的借阅量正在上升，哪些书籍的借阅量正在下降。这对智慧图书馆进行图书采购、库存管理，以及预测未来的借阅需求都是非常重要的。演化分析可以用时间序列分析、趋势分析等多种方法来进行。

7.序列模式挖掘

序列模式挖掘是指对数据中的序列模式进行挖掘。在智慧图书馆的数字资源挖掘中，可以挖掘读者的借阅序列，分析读者的借阅行为是否有一定的模式，如某些读者可能有按照作者或者主题来借阅图书的习惯。这些信息对理解读者的借阅行为、为读者提供个性化的服务，都是非常有用的。序列模式挖掘的常用方法有 Apriori-All、GSP 等。

（六）模式评估

模式评估是对数据挖掘结果进行评估和筛选的过程。在智慧图书馆的数字资源挖掘中，需要对挖掘出来的模式进行验证，看它们是否真实、有效，是否有用，是否符合预期。例如，对挖掘出来的读者分类，需要通过实际观察和统计检验来验证它们的准确性；对挖掘出来的关联规则，需要计算它们的支持度和置信度，看它们是否足够强烈。此外，模式评估还包括对模式的解释和理解，需要将模式联系到实际的业务背景和业务问题中，看它们是否能解释和解决实际问题。模式评估是一个反复的过程，需要多次反馈和调整数据挖掘的过程和结果。模式评估的结果会影响知识表示和决策支持的效果，因此是数据挖掘的关键步骤之一。

（七）知识表示

知识表示是将挖掘出来的模式或知识以一种易于理解和使用的方式展示出来。在智慧图书馆的数字资源挖掘中，需要通过各种可视化技术和知识表示技术，将挖掘出来的模式或知识展示给用户和决策者。例如，可以通过图表、报告等方式，将读者分类、关联规则、时间序列规律等知识展示出来；可以通过知识图谱、决策树、规则库等方式，对知识进行结构化和形式化。知识表示的目的是让知识更易于理解、记忆、传播和应用，为读者和决策者提供更好的决策支持。知识表示是数据挖掘的最后一步，也是实现数据价值的关键一步。

第三节　数智技术赋能智慧图书馆数字资源整合

一、智慧图书馆数字资源整合的概念、原则与内容

（一）智慧图书馆数字资源整合的概念

数字资源整合是对各种数字资源进行优化和组织的过程。在特定的条件下，需要根据具体的需求，将一系列相对独立且已经实现一定程度有序化的信息系统进行融合、分类、重组，以构建一个新的、效能更强、效率更高的数字资源系统。这个过程的结果就是整合后的数字资源体系。

智慧图书馆数字资源整合是指根据读者的需求和资源的特性，对图书馆内相对独立的大量数字资源按照它们之间的知识关联性进行重新组织，形成一个统一的、高效的数字资源系统，以更好地满足读者的信息需求。

整合后的数字资源体系可以在逻辑上或物理上进行组织。物理的数字资源体系意味着除了每个信息系统有自己的数据库外，整个数字资源体系还有一个中央数据库供所有信息系统共享。而逻辑的数字资源体系则不存在这样的中央数据库。在逻辑的数字资源体系中，各个信息系统经过整合后在逻辑上形成统一的表达，提供统一、连贯的信息服务。

智慧图书馆数字资源整合是对数字资源整合这个概念的进一步拓展。智慧图书馆数字资源整合不仅涉及信息的组织和共享，还借助现代信息技术，如人工智能、大数据等，提高资源的利用效率，为读者提供个性化服务，以满足读者的多样化信息需求。

（二）智慧图书馆数字资源整合的原则

智慧图书馆数字资源整合是一个复杂的过程，需要遵循一些基本原则来确保整合的有效性和合理性，从而实现最终的读者服务目标。

1. 科学性原则

科学性原则在智慧图书馆数字资源整合中是非常重要的。它要求资源整合者在整合的过程中要从多个角度进行考虑，包括资源的性质、财务的支持、科研的影响及管理的方式。对资源性质的考虑，需要资源整合者对资源进行深入的理解和分类，只有理解了资源的本质，才能有效地进行资源整合。财务的支持是实现科学性原则的物质基础，没有足够的资金支持，无法进行有效的资源整合。科研的影响则体现在科研成果的整合中，科研成果的整合需要资源整合者对科研具有的深入理解，只有这样，才能把科研成果有效地整合进系统中。管理方式的选择也是科学性原则的重要组成部分，不同的管理方式会对资源整合的效果产生不同的影响。因此，在整合的过程中，资源整合者需要进行科学规划，只有这样，才能确保整合的有效性和合理性。

2. 整体性原则

整体性原则要求资源整合者在进行数字资源整合时，把所有的资源看作一个整体，进行统一的规划、布局和管理。这一原则强调的是整合的全面性和一体性，整合不是简单的叠加和堆砌，而是从全局的角度出发，以整体的视野和思路进行规划和布局。只有这样，才能实现整体效益的最大化，才能使资源整合系统真正成为一个有机整体，为读者提供全面、高效、便捷的服务。

3. 层次性原则

层次性原则认为，数字资源和读者需求都有其内在的层次性，因此在整合的过程中，需要按照多种类型、多种方式进行多层次的整合，以更好地满足不同读者的需求。在实际的操作过程中，这就要求资源整合者对资源进行分层次、分类型的管理，对读者需求进行深入了解和分析，根据不同读者的需求，提供不同层次的服务。层次性原则的实施，有助于提高智慧图书馆数字资源整合的针对性和实用性，更好地满足读者的实际需求。

4.规范性原则

规范性原则着重强调规则和标准在智慧图书馆数字资源整合过程中的重要性。因此，智慧图书馆数字资源整合需要遵循数据库格式、数据库建设规则及数据处理技术的规范标准。规范性原则贯穿整个资源整合过程中，从资源的收集、分类、整理到资源的储存、检索、使用，再到资源的更新、维护、淘汰，都需要遵循一定的规范。这种规范不仅体现在具体的操作步骤上，还体现在管理策略、服务理念、工作原则等各个方面上。规范性原则的实现需要智慧图书馆从内部和外部两个方面进行努力。内部方面，智慧图书馆需要制定和完善各项规章制度，明确规范要求，增强馆员的规范意识。外部方面，智慧图书馆需要引入国家和行业的相关标准，参考国内外先进的管理经验，从而提升服务质量。

5.经济性原则

经济性原则在智慧图书馆数字资源整合中具有非常重要的地位，它着重强调在整合过程中对经济成本的重视，包括在物理层、数据层和服务层的投入，以及读者的经济性。经济性原则并不是简单地要求降低成本，而是要求在成本和效果之间找到一个最佳的平衡点，实现资源的最大化利用。在资源整合过程中，不仅要考虑投入的经济成本，更要考虑由此带来的效益。即使投入的成本较高，但如果可以带来更大的效益，那么这样的投入也是值得的。读者的经济性也是经济性原则需要考虑的重要内容。智慧图书馆虽然不是营利机构，但某些服务仍需要读者支付一定的费用，如超期罚款、特定服务费用等。这个费用应当是合理的，不能给读者带来过重的经济负担。

6.读者参与原则

读者参与原则在智慧图书馆数字资源整合过程中具有至关重要的地位。该原则的核心主张是，读者的需求和体验是智慧图书馆数字资源整合的出发点和落脚点，所有的整合行动，无论是策略规划、资源选择、技术应用，还是服务模式，都应围绕读者的需求来展开，都应通过读者的体验来衡量。

读者参与原则的实施，需要智慧图书馆将读者的建议引入决策过程，这可能涉及读者需求调研、读者满意度评估、读者反馈处理等多个环节。在这个过程中，智慧图书馆需要与读者进行充分的交流和合作，理解和尊重读者的需求和期望，同时需要积极引导读者对馆藏资源的使用，形成一种共建共享的关系。

　　读者参与原则的实施，还需要智慧图书馆在数字资源整合的过程中，考虑读者的信息素质和使用习惯，进行适度的个性化设计和普适化设计。这可能涉及搜索引擎的优化、读者界面的设计、使用教程的提供等多个方面。通过这种方式，智慧图书馆的数字资源可以更好地满足不同读者的个性化需求，提高读者的使用体验和满意度。

（三）智慧图书馆数字资源整合的内容

　　智慧图书馆数字资源整合的内容包括数据整合、信息内容整合、服务流程整合、服务功能整合、标准和规则整合、信息技术整合。

1.数据整合

　　数据整合是智慧图书馆数字资源整合的重要部分，其主要目标是通过统一的数据模型和数据格式，将馆内的各种数据源合并到一个统一的系统中，使数据能够互相通信、互相链接，最终实现数据的一体化和整合。此外，数据整合也涉及数据清洗和数据质量控制，以确保整合后的数据准确、一致和可用。

2.信息内容整合

　　信息内容整合主要是对不同来源、不同形式的信息内容进行整合，以满足读者的多样化信息需求。例如，对各种类型的文献资源进行组织、分类，使读者能够方便快捷地获取和使用这些资源。信息内容整合也需要考虑信息的语义关联性，以实现信息的深度整合和利用。

3.服务流程整合

　　服务流程整合是指优化和改进智慧图书馆的各种服务流程，使其更加高效、便捷。例如，整合查询、借阅、续借、退还等服务流程，通过自动化、智能化的技术手段，提升服务的速度和质量。服务流程整合还涉及服务的跨部门协作和流程的再设计，以实现服务的无缝对接和协同运作。

4.服务功能整合

服务功能整合是指将智慧图书馆的各项服务功能（如信息检索、文献传递、阅读推荐等）整合到一起，提供统一的服务接口。这不仅有助于实现读者在一个平台上完成各种操作，还有助于提高服务的效率和读者的使用体验。服务功能整合还需要考虑服务的个性化和智能化，以适应读者的个性化需求和变化的信息环境。

5.标准和规则整合

标准和规则整合是指制定统一的标准和规则，用来指导智慧图书馆的数字资源整合。这包括数据格式标准、元数据标准、编目规则、数据库设计规则等，以保证整合后的数字资源体系的一致性、可操作性和可扩展性。标准和规则整合还需要考虑国际标准和行业标准，以实现资源跨系统、跨地域共享。

6.信息技术整合

信息技术整合是指利用先进的信息技术（如大数据、云计算、人工智能等）支持和促进智慧图书馆的数字资源整合。信息技术整合不仅涉及技术的选择和实施，还需要考虑技术的适应性、稳定性和可持续性。同时，信息技术整合也需要考虑技术的安全性和隐私保护，以保护读者的数据和信息安全。

二、数据整合技术在智慧图书馆数字资源整合中的应用

在智慧图书馆的数字资源整合中，可以应用的数据整合技术包括统一检索平台技术、内容聚合（really simple syndication，RSS）和面向服务的架构（service-oriented architecture，SOA）。

（一）统一检索平台技术

统一检索平台技术是一项在智慧图书馆数字资源整合中被广泛应用的数据整合技术。它通过将分布在不同位置的异构数据源有机地集成在

一起，来实现一站式的检索服务。这项技术解决了数据库数据结构、发布方式、检索方式和显示风格等的差异问题，以及读者在检索不同数据库时需要多次登录和退出的问题。

统一检索平台能够为读者提供一个统一的检索界面，将读者的检索请求转化为针对不同数据源的检索表达式，并同时对本地和互联网上的多个分布式异构数据源进行检索。该平台通过整合、去重和排序，将检索结果以统一的格式展现给读者，既能充分利用数据库资源，又能将读者的需求与相关的信息内容连接起来。

统一检索平台的架构通常包括请求转发层、统一检索业务层和数据库层三个部分。其中，请求转发层负责接收读者的请求并对该请求进行初步的分析和检验。统一检索业务层负责接收经过验证的查询请求，并根据读者的请求将其转换成适合不同数据库的查询格式，从而对数据库层中的各个数据库进行检索。数据库层包含各种类型和结构的数据库。

目前，许多解决方案和系统已经利用统一检索平台技术实现了异构数字资源的一站式检索，如美国洛斯阿拉莫斯国家实验室研究图书馆开发的 FlashPoint、美国加利福尼亚大学的 SearchLight，以及中国的清华同方异构统一检索平台、南京大学图书馆网络数据库一站式检索系统等。

（二）RSS

RSS 在智慧图书馆的数字资源整合中起着至关重要的作用。RSS 是一种信息聚合技术，为站点之间的信息共享提供了一种简单的方式。由于其基于可扩展置标语言（extensible markup language，XML），用于元数据描述，所以在互联网信息发布和聚合网络信息内容方面起着主要作用。RSS 的优点在于能够根据用户的需求定制内容，并进行及时、主动的推送，这大大节省了用户查找目标信息的时间，同时为个性化信息推送服务创造了条件。RSS 在智慧图书馆数字资源整合中的功能主要包括以下三个方面。

1.过滤和聚合专业知识信息

作为描述资源集合的元数据集，RSS致力于建立标准和开放的频道描述框架和内容收集机制。它可以直接根据元数据进行检索，避免了大量冗余和复杂的信息内容。如今，已经出现了一些专业的RSS搜索引擎，它们将相关的RSS频道所提供的信息汇集在一起，通过分类和索引提供一站式服务，增强了RSS的搜索和聚合功能。许多图书馆和专业网站利用这个功能过滤和筛选出高度专业和学术性的信息内容，并通过RSS技术进行推送。

2.整合个性化阅读定制

RSS将网站上的信息资源集合视为频道元素和资源子元素的组合，并将其组织成一个内容描述文件。RSS Feed（指用来接收信息来源更新的接口）发布后，可以被其他网站推广或聚合，也可以由个人通过RSS阅读器获取。因此，RSS技术具备个人定制功能。读者可以通过RSS从专业网站、论坛、博客等不同的信息传递渠道中订阅所需要的专业新闻、学术帖子等信息资源。

3.整合信息推荐和推送

RSS实际上是一种元数据，其目标是满足读者特定的信息需求和解决复杂的数字资源查找与利用之间的冲突，提高数字资源传递和利用的效率。因此，智慧图书馆通常遵循主动服务的原则，利用RSS技术主动为读者推荐数字资源，并进行信息推送服务。例如，利用RSS的消息发布功能向读者推荐馆内收藏的最新资源和试用数据库，使用动态网页技术按照不同的查询条件生成不同学科分类的RSS Feed供读者定制使用。

（三）SOA

SOA是一种整合技术，广泛应用于智慧图书馆的数字资源整合中。SOA是一种构建计算机软件的方式，强调的是应用程序组件通过服务接口进行通信。这些服务接口基于开放的标准，使得基于不同硬件平台、不同网络技术和编程语法的系统能够互相协作。

SOA 在智慧图书馆数字资源整合中的价值主要体现在以下四个方面。

1.标准化体系结构

SOA 对开发组件的工具、时间等没有严格要求，只要满足相应的标准，即可纳入系统中。同时，SOA 以业务流程为中心，允许应用程序由多个不同的组织进行分解和开发，具有强大的灵活性。

2.易于集成现有系统

SOA 开发的应用程序既可以作为独立的应用程序，又可以作为一项服务。这意味着在不修改现有应用程序的前提下，可以迅速将其转换为服务。只需对服务接口进行封装，即可访问原有的遗留系统，极大地方便了旧有系统的整合和使用。

3.加快开发速度

通过重用现有服务和组件，可以降低团队学习的难度，从而缩短设计、开发、测试和部署产品的时间，进而大大提高开发效率。

4.减少成本，降低风险

通过将旧有系统封装成服务并加以重用，可以大大降低创建新应用的成本。同时，SOA 也降低了管理和维护支持服务基础架构的风险。

SOA 通常包括四个层次：数据库服务层、应用服务提供层、应用服务接口层和应用服务表示层。在整个架构中，读者通过应用服务表示层发送查询请求消息，服务器接收消息后对其进行处理。应用服务接口层以接口的形式提供服务给应用服务表示层。应用服务表示层获取服务信息，并与应用服务提供层提供的服务实现动态绑定。绑定后的服务可以根据消息请求进行消息转换、语义映射和查询处理，并从数据库服务层获取集成数据。

在实践中，SOA 常常结合网格技术、点对点技术及 Web 服务技术，来增强和拓展数字服务系统的集成功能。这种整合方式提供了无缝连接的服务，消除了信息孤岛现象，实现了数字资源的共享。

第四节　数智技术赋能智慧图书馆数字资源的存储与安全

一、智慧图书馆数字资源存储与安全的必要性

数字资源的存储与安全对智慧图书馆的建设是至关重要的。存储问题直接影响智慧图书馆能否高效、准确地提供信息服务，而安全问题关系到智慧图书馆的声誉和经济利益。下面，笔者将分别针对智慧图书馆数字资源存储与安全的必要性作论述。

（一）智慧图书馆数字资源存储的必要性

1.优化资源管理

数字资源存储是对图书馆资源管理的革命性变革。在传统的纸质资源的管理模式下，图书馆需要面对如何对大量的纸质图书进行分类、整理和保存等一系列问题。这些问题的解决不仅需要大量的人力、物力，而且在查找和利用图书时，可能会出现效率低下的情况。数字资源存储则解决了这些问题。一方面，数字资源存储大大节省了物理空间，提高了智慧图书馆的存储效率。无论是图书、期刊还是报纸，都可以通过数字化方式存储在硬盘或云端，极大地减少了对物理空间的需求。另一方面，数字资源存储极大地提高了检索效率。通过数据库管理系统和搜索引擎，读者可以准确、快速地找到自己需要的信息。同时，数字资源存储也有利于智慧图书馆对资源进行统一管理。因此，数字资源存储对智慧图书馆的资源管理十分重要且必要。

2.扩大服务范围

随着互联网的普及，人们获取信息的方式发生了巨大变化。现在，人们不再仅仅依赖实体图书馆获取信息，还可以通过在线方式获取信息。数字资源存储使得智慧图书馆可以随时随地为读者提供服务，提高了智慧图书馆服务的便利性，也扩大了智慧图书馆的服务范围。

首先，数字资源可以使智慧图书馆的服务不再受限于地理位置。无论读者身处何处，只要有网络，就可以访问图书馆的资源。对于身处偏远地区、无法亲临图书馆的人们来说，这是一个极大的福音。其次，数字资源可以无限延长智慧图书馆的服务时间。传统图书馆的服务时间受限于开放时间，而智慧图书馆可以实现24小时全天候的服务，读者可以在任何时候获取到他们所需的信息。

3. 延长资源寿命

传统的纸质图书随着时间的推移，可能会因老化、受潮、损坏等情况而丧失其价值。相比之下，数字资源具有更长的保存期限。只要进行适当的维护和更新，数字资源就可以长期保存，而不会像纸质图书那样因为时间或者环境因素出现损坏。即使出现数据丢失或硬件损坏的情况，通过备份和数据恢复技术也可以恢复原始数据。这种备份和数据恢复技术使得数字资源比传统的纸质资源有更长的寿命。

数字资源的另一大优点是它们可以被无损复制。这意味着人们可以创建数以千计的完全相同的副本，且每个副本都与原始文件具有相同的质量。这不仅可以防止信息的丢失，还可以将资源分享给更多的人，而不必担心资源被磨损或损坏。

（二）智慧图书馆数字资源安全的必要性

1. 保护知识产权

大量的版权信息包含在各类数字资源中，这些数字资源包括但不限于电子书、音视频、数据库等，其内容可能是专家学者的学术研究成果、文学创作成果或其他具有创新价值的信息。在版权法的保护下，其他人对这些作品的复制、发行、展示等均需得到原作者的许可。因此，保护知识产权既是法律责任，也是对原创者努力和智慧的尊重。

如果没有有效的安全措施，这些信息有可能被非法复制和传播，这将对原作者的知识产权造成侵害。这种侵权行为不仅损害了原作者应得的经济回报，也会打击他们的创新动力。因此，为了维护知识产权、保护作者的合法权益，智慧图书馆必须采取严格的数字资源安全措施，如加密技术、数字水印、访问控制等，来防止非法复制和传播。

2.维护图书馆声誉

图书馆作为信息资源的集结地和知识传播的中心，其声誉和公信力是其生存的根基。如果智慧图书馆的数字资源遭到非法入侵，将严重损害智慧图书馆的公共形象和声誉，造成失去读者的信任，以及降低服务能力和影响力等后果。

因此，确保数字资源的安全是维护智慧图书馆形象的重要一环。一方面，智慧图书馆需要建立健全网络安全系统，防止黑客入侵，保护数字资源的完整性和可用性。另一方面，智慧图书馆需要定期进行安全系统的审查和升级，确保该系统的先进性和有效性。只有这样，智慧图书馆才能保持其在公众心目中的高度信任和威望。

3.避免经济损失

一旦数字资源遭到破坏或丢失，智慧图书馆需要投入大量的人力、物力来恢复数据。涉及的费用来源包括但不限于购买新的硬件设备、请专家进行数据恢复、购买新的软件等。同时，如果智慧图书馆的服务因此被迫中断，会导致读者满意度的下降，甚至是失去部分读者，进而会影响智慧图书馆的声誉和收入。

另外，如果数字资源被非法使用或泄露，可能会引起法律纠纷，智慧图书馆可能会因此支付大量的法律费用，这也是一种经济损失。因此，为了避免这些可能的经济损失，智慧图书馆必须加强对数字资源的安全保护，包括加强数据备份、建立健全安全防护体系，以及增强员工的安全意识和技能等。

二、数智技术赋能下智慧图书馆数字资源的云存储与云安全

（一）智慧图书馆数字资源云存储与云安全的概念

1.智慧图书馆数字资源云存储的概念

智慧图书馆数字资源云存储是指智慧图书馆使用云存储技术来存储、管理和维护海量的数字资源。这种存储方式具有高度的灵活性和可

扩展性，能够根据数据增长情况随时增加存储空间。云存储技术通过互联网将数据存储在远程的服务器上，这样不仅可以保证数据的安全，也方便了对数据的获取和共享。此外，云存储还具有高可用性，即使本地设备发生故障，也可以通过互联网访问远程服务器上的数据，由此保证了数据的可用性。

2.智慧图书馆数字资源云安全的概念

智慧图书馆数字资源云安全是指在云存储环境下，使用云安全技术保护智慧图书馆数字资源的安全。云安全技术包括数据加密、身份验证、访问控制等多种安全技术，可以保护数据在传输和存储过程中的安全性。而且，云安全服务提供商还会提供实时的安全监控服务，一旦发现安全问题，就会立即采取措施，防止数据泄露。智慧图书馆数字资源云安全是智慧图书馆数字资源管理的重要组成部分，不仅保障了数字资源的安全，也保证了读者的信息安全和智慧图书馆的声誉安全。

（二）智慧图书馆数字资源云存储与云安全的意义

随着数字资源的爆炸式增长，智慧图书馆面临着前所未有的挑战。一方面，智慧图书馆需要存储和管理的数字资源越来越多；另一方面，随着数据的增加，存储成本也在急剧增长。同时，数字资源的安全性和利用率也日益受到重视，这时，云存储与云安全技术就显得尤为重要。具体而言，智慧图书馆数字资源的云存储与云安全的意义主要体现在以下四个方面，如图4-3所示。

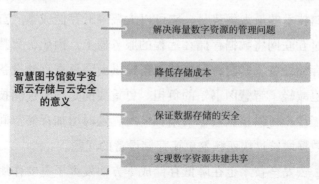

图4-3 智慧图书馆数字资源云存储与云安全的意义

1. 解决海量数字资源的管理问题

随着数字资源的不断增长，管理这些海量数据，对于智慧图书馆来说，无疑是一个巨大的挑战。因为这需要大量的人力、物力，以及专业的技术知识。而云存储与云安全作为新兴技术，能够提供高效且科学的解决方案。

云存储技术通过运用数字全息技术和 Web 技术，可以实现对海量数据的快速处理和管理。数字全息技术是一种数据存储技术，它利用光学原理，实现了海量数据的存储。而 Web 技术则可以使读者通过互联网，方便地访问和操作这些数据。因此，结合这两种技术，不仅可以解决海量数据的存储问题，还可以实现读者对这些数据的访问和操作。

云安全技术也在数据管理中发挥了重要作用。例如，它通过加密、身份验证等手段，确保了数据的安全性，这对智慧图书馆来说是至关重要的，因为数据的安全性直接关系到智慧图书馆的声誉。因此，云存储与云安全技术的应用，对智慧图书馆具有重要意义。

2. 降低存储成本

智慧图书馆在存储数字资源方面，面临着高昂的成本压力。这是因为随着数字资源的不断增长，智慧图书馆需要购买更多的存储设备，而存储设备的价格往往较高。不仅如此，智慧图书馆还需要投入大量的人力和物力，来维护这些存储设备。在这种情况下，云存储技术提供了一种新的解决方案。

云存储技术的最大优势是，它可以大幅降低存储成本。首先，云存储技术通过互联网将数据存储在远程的服务器上，因此，智慧图书馆无需再购买存储设备。其次，云存储服务提供商会负责存储设备的维护和升级，这也减轻了智慧图书馆的负担。更重要的是，云存储技术具有良好的可扩展性，可以根据数据的增长情况，随时增加存储空间，这样就解决了因数据增长过快而频繁更换存储设备的问题。

此外，云安全技术也在降低存储成本方面发挥了重要作用。数据的安全性是智慧图书馆在数据管理中必须考虑的问题，传统的数据安全手段往往需要投入大量的人力和物力，而云安全技术通过自动化的手段，如加密和身份验证，保证了数据的安全性，大大降低了人力和物力投入。

3. 保证数据存储的安全

在数字化时代，数据安全已经成为人们关注的焦点。对于智慧图书馆来说，数据安全不仅是技术问题，更是信任问题，因为一旦出现数据安全问题，就可能导致读者信息泄露，从而影响自身的声誉和读者的信任。

云安全技术能够确保数据在传输过程中不被截取或篡改，即便数据在存储过程中被不法分子窃取，由于加密技术的应用，他们也无法轻易破解数据内容，大大提高了数据的安全性。身份验证手段也是云安全技术的一大特点，它可以确保只有被授权的用户才能访问特定的数据，从而防止未授权访问和数据泄露。

4. 实现数字资源共建共享

在当前的智慧图书馆建设中，存在着数字资源重复建设问题。这主要是因为不同的智慧图书馆之间的信息交流不畅。结果不仅浪费了大量的资源，也影响了读者的使用体验。

云存储与云安全技术可以有效地解决这个问题。云存储技术通过互联网存储数据，使得智慧图书馆之间的数据交流变得更加便利，而云安全技术则可以保障交流过程中数据的安全。这样，不同的智慧图书馆就可以实现数字资源的共建共享，这不仅可以提高资源的利用效率，同时可以增强智慧图书馆之间的合作关系。

三、智慧图书馆云存储与云安全技术的应用

（一）智慧图书馆云存储技术的应用

1. 数据的集中管理和存储

智慧图书馆的一个主要优点是，通过云存储技术，实现了对数据的集中存储和管理，包括各种电子资源及元数据和读者数据。这些数据存

储在云端，无需存储在单个物理设备上，使得读者可以实时访问。

云存储提供的这种新的存储模式，显著提高了智慧图书馆的工作效率和服务质量。此外，由于所有数据都集中存储在云端，所以无论是馆员还是读者，都无需担心在本地设备上丢失数据。

可扩展性是云存储的显著优点。与传统的本地存储方式相比，云存储可以根据智慧图书馆的实际需求动态调整存储空间。如果数据量突然增加，云存储可以相应地增加存储空间，而无需智慧图书馆购买新的硬件设备。相反，如果数据量减少，云存储也可以减少存储空间，以节省成本。这种可扩展性可以帮助智慧图书馆更有效地管理资源，避免空间不足或浪费的问题。

2. 数据备份和恢复

数据的安全性是智慧图书馆非常关注的问题。因为数据是智慧图书馆最重要的资源，任何数据的丢失或损坏都可能对智慧图书馆的服务造成严重影响。例如，如果电子图书数据库因硬件故障或其他意外情况而丢失，那么读者则无法访问到他们需要的资源，这将对智慧图书馆的声誉和读者满意度产生负面影响。

云存储技术可以解决这个问题，因为它具有数据备份和恢复的功能。云存储平台通常会自动备份存储在其中的所有数据，如果发生硬件故障或其他意外情况，可以通过备份快速恢复数据。这不仅可以保证数据的安全，而且可以最大限度地减少数据丢失或损坏带来的影响。因此，云存储技术可以大大提高智慧图书馆数据的安全性和可靠性。

3. 数据的处理和分析

智慧图书馆可以运用云存储技术存储和处理大量的数据，如分析读者的借阅记录、查询记录、在线行为等。通过对这些数据进行分析，智慧图书馆可以获得很多有价值的信息。例如，通过分析读者的借阅记录，智慧图书馆可以了解读者的阅读习惯和兴趣，从而更好地满足他们的需求；通过分析读者的查询记录，智慧图书馆可以了解读者的信息需求，从而可以据此调整信息服务；通过分析读者的在线行为，智慧图书馆可以了解读者的使用习惯，从而优化网站和应用程序。

所有这些分析都可以帮助智慧图书馆更好地了解和服务其读者，提高读者满意度和忠诚度。此外，这些分析也可以为智慧图书馆的决策提供依据，帮助智慧图书馆更有效地分配资源，改进服务，实现持续发展。

4. 协同工作和资源共享

云存储技术还可以促进智慧图书馆之间的协同工作和资源共享。在传统的图书馆管理模式下，图书馆都有自己的资源管理系统，这样容易导致资源重复建设和资源利用效率低下等问题。然而，通过云存储技术，多个图书馆可以共享同一份资源，从而有利于实现资源的最大化利用。例如，如果有图书馆购买了一本电子图书的许可证，那么其他图书馆可以通过云存储访问这本电子图书，从而节省了购买多个许可证的费用。这种资源共享不仅可以节省成本，还可以为读者提供更丰富的资源。

此外，云存储技术也支持馆员的协同工作。在云存储环境下，馆员可以共享文件、协作编辑文档、共同处理问题等。这种协同工作可以提高工作效率，增强团队合作能力。

（二）智慧图书馆云安全技术的应用

1. 身份认证和访问控制

身份认证和访问控制是云安全技术在智慧图书馆中的核心应用。云安全技术提供了基于多因素认证的身份认证方法，如密码、生物特征识别（指纹、面部识别等）、安全令牌等，来确保用户身份的真实性。不同的身份和角色拥有不同的访问权限。例如，管理员拥有较高的权限，可以访问和修改智慧图书馆的所有信息和资源，而普通读者只能访问和操作自己的账户信息和借阅信息。访问控制策略通常基于角色、属性或凭证等因素进行定义，且通常包括权限的授予、撤销和更改等功能，以适应读者角色或权限级别的变化。这些控制机制能够有效地防止未经授权的访问，以保护智慧图书馆的敏感信息和资源的安全。

2. 网络安全防护

智慧图书馆的发展越来越依赖云服务和网络基础设施。因此，网络安全防护成了云安全技术在智慧图书馆中的重要应用。云安全技术提供了包括防火墙、入侵检测系统、入侵防御系统在内的多种网络安全防护工具。其中，防火墙可以阻止未经授权的网络访问，保护智慧图书馆内部的网络资源。入侵检测系统和入侵防御系统可以监测和阻止恶意行为和攻击。这些工具可以实时监控网络流量，通过分析流量模式，检测和阻止潜在的网络攻击。此外，网络安全防护还包括对网络设备的管理和更新，以防止设备漏洞导致的安全问题。

3. 安全审计

安全审计是云安全技术在智慧图书馆中的又一重要应用。通过对系统和数据的实时监测和分析，可以及时发现异常行为和安全威胁。安全审计通常包括日志审计、行为审计、配置审计等。日志审计可以帮助智慧图书馆管理人员掌握系统的运行情况。行为审计则关注读者的行为模式，通过分析读者行为，发现潜在的恶意行为或安全威胁。配置审计则可以确保系统的安全配置，防止配置错误导致的安全问题。所有这些审计信息都可以为管理人员提供有价值的参考，帮助他们评估智慧图书馆系统的安全性和可靠性，从而采取相应的安全措施。

4. 灾备和容灾

灾备和容灾是云安全技术在智慧图书馆中的关键应用。智慧图书馆系统对可用性的要求非常高，因此，必须确保系统在灾难事件或故障情况下的持续运行和数据恢复能力。云安全技术可以提供多种灾备和容灾方法，如数据备份、冗余设计、故障切换等。数据备份可以防止数据丢失，通过定期对数据进行备份，可以在系统发生故障或数据丢失时恢复数据。冗余设计则可以通过在多个地点部署相同的服务，或当一处服务发生故障时，自动切换到其他正常运行的服务的方式，保证系统的可用性。故障切换则可以确保在主系统发生故障时，备用系统能够及时接管服务，以保证服务的连续性。这些灾备和容灾方法，可以最大限度地减少系统故障对智慧图书馆服务的影响，从而保证读者的持续访问体验。

第五章　数智技术赋能智慧图书馆服务体系建设

第一节　对图书馆服务的基础认识

一、图书馆服务的概念与构成要素

（一）图书馆服务的概念

图书馆服务是指图书馆提供的一系列活动和资源，旨在满足读者的信息获取和知识需求。这些服务包括但不限于提供书籍、期刊、报纸等资源和信息，提供阅读和学习的环境，以及提供信息检索、参考咨询和信息素质教育等服务。图书馆服务的核心目标是帮助读者有效地找到、获取和使用他们需要的信息，以满足他们的学习、研究和娱乐等各种需求。

（二）图书馆服务的构成要素

图书馆服务的构成要素通常有四个，如图 5-1 所示。这四个要素相互联系、相互作用，共同保证图书馆服务不断变革，不断发展，不断适应读者日益发展的多元化、多层次的信息需求。

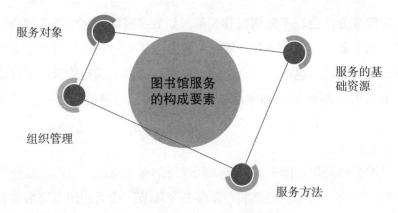

图 5-1　图书馆服务的构成要素

1.服务对象

服务对象是图书馆服务的主体，也是图书馆工作的核心。他们通常被称为读者，包括个人、集体和单位等各种形式的社会成员。他们的满意度是衡量图书馆服务质量的重要指标。因此，图书馆服务必须以满足读者需求为核心，通过提供高质量的信息资源和专业服务，帮助他们获取和理解所需的信息。对于图书馆来说，了解和研究读者的需求、习惯和满意度是非常重要的，这对提升服务质量、优化服务内容具有重要指导意义。

2.服务的基础资源

服务的基础资源是图书馆服务的基础，是保证图书馆能够正常运行和提供服务的物质与人力条件。这包括图书馆的硬件设施、软件资源及各类信息资源。其中，信息资源是图书馆的核心资源，包括书籍、期刊、报纸等各种形式的文献资料。因此，图书馆应根据读者需求，科学采购和管理信息资源，并配备专业的馆员和先进的设施设备，以为读者提供高效、便捷的服务。

3.服务方法

服务方法是图书馆提供服务的具体方式和手段。根据不同的读者需求和资源条件，图书馆提供不同的服务方法。随着信息技术的发展，图书馆的服务方法也在不断创新和变革，如数字资源的网络信息服务、移动图书馆服务、虚拟参考服务等新型服务方法应运而生。这些服务方法既可以独立使用，也可以结合使用，最终目的都是满足读者的多样化需求。图书馆应积极探索和实践新的服务方法，以适应信息社会的发展趋势。

4. 组织管理

组织管理是保证图书馆服务顺利进行的有效保证，它涉及服务活动的计划、组织、指挥、协调和控制等各个环节。优秀的图书馆需要有科学的管理理念、高效的管理团队、先进的管理技术、完善的管理制度。通过有效的组织管理，图书馆可以高效地运用人力、物力、财力等资源，科学地开展服务活动，有效地控制和解决各种风险和问题，从而提高服务质量和读者满意度。未来，图书馆应继续深化管理改革，提高管理水平，创新管理方式，以适应新的发展需求和挑战。

二、图书馆服务的分类

（一）本地服务

1. 文献借阅服务

文献借阅服务是图书馆最基本也是最重要的服务。通过借阅文献，读者能够将图书馆的资源带到自己的生活和学习中，并随时随地使用。这个服务需要图书馆有高效的流通系统、合理的借阅规则、丰富多样的馆藏资源及良好的馆员服务。

2. 阅读环境服务

图书馆应提供安静、舒适、便利的阅读环境，包括舒适的桌椅、良好的照明、合理的布局，以及必要的设施，如电源插座、无线网络等。同时，图书馆还应注重阅读环境的文化氛围，创造积极、开放、友好的阅读氛围。

3. 信息素质培训服务

图书馆提供的信息素质培训服务可以帮助读者提高信息检索、评价、使用等能力，快速地在信息的海洋中找到自己需要的信息。培训内容可以包括如何使用图书馆资源、如何有效地进行在线检索、如何使用和评价信息等。

4. 文化育人服务

图书馆是开展文化教育的重要场所，通过举办各种讲座、展览等，可以提供丰富的文化育人服务，引导读者了解和欣赏各种文化，提高读者的文化素养和审美能力。

（二）网络服务

1. 文献搜索与导航服务

文献搜索与导航服务可以使读者在任何有网络的地方访问图书馆的资源。这一服务需要图书馆有强大的数据库系统、简单易用的检索界面、丰富的电子资源以及专业的技术支持。

2. 在线阅读服务

在线阅读服务允许读者通过互联网在线阅读、下载、打印图书馆的电子资源，包括电子书籍、电子期刊、数据库等。这一服务极大地方便了读者获取和使用信息，使阅读不再受时间和空间的限制。

3. 阅读协助服务

阅读协助服务可以帮助读者更好地理解和利用信息。例如，图书馆通过提供在线词典、翻译工具等辅助工具，以及文献摘要、索引、注释等辅助信息，为读者提供专业的阅读协助服务。

4. 读者参与服务

读者参与服务使读者不再是被动的信息接收者，而成为积极的信息传播者和创造者。例如，图书馆通过提供供读者评论、推荐、分享资源的平台，为读者参与相关的活动、项目、研究等提供便利。

5. 读者社会网络服务

读者社会网络服务通过在互联网上形成社区，鼓励读者在社区内共享信息、交流观点、开展协作。例如，图书馆通过论坛、博客、微博、微信等社交平台，举办线上讨论会、研讨会、阅读俱乐部等，并鼓励读者积极参与和交流。

6.课程与学习支持服务

图书馆可以通过提供在线英语学习课程、计算机技能培训、论文写作指导等课程与学习支持服务，帮助读者提高学习能力，解决学习问题。

7.科研支持服务

科研支持服务可以帮助科研人员快速找到、使用、评价科研信息，提高科研效率和质量。因此，图书馆应尽可能地为科研人员提供专业的科研数据库、科研资讯服务、科研数据管理服务等。

8.共享服务

图书馆可以通过与其他图书馆或机构共享资源、服务、知识、经验，丰富馆藏资源，提高服务质量。例如，图书馆可以通过互借、联盟、合作等方式，为读者提供访问其他图书馆或机构的馆藏资源、专业服务、技术平台及培训资源等的平台。

9.参考咨询服务

参考咨询服务可以帮助读者解答各种问题，满足读者的信息需求。例如，图书馆可以提供邮件咨询服务、电话咨询服务、面对面咨询服务等。

三、图书馆服务的特点

(一)文献多样化

文献多样化是指图书馆的资源包含多种类型的文献，如图书、期刊、报纸、论文、标准、专利、数据库等，涵盖各学科领域，能够满足不同读者的信息需求。文献多样化反映了信息社会的多元性和复杂性，是图书馆服务的基础和优势。在图书馆服务中，文献多样化表现为根据读者的需求，提供最适合他们的文献类型，如满足学习需求的教科书、满足研究需求的学术论文、满足娱乐需求的小说和电影等。为实现文献多样化，图书馆需要构建多元化的馆藏资源，还需要加大投入，对相关人员进行积极培养，重视文献资源的共享。

（二）信息共享化

信息共享化是指图书馆将馆藏资源最大限度地供给公众，实现资源的最大化利用和最大价值。信息共享化可以提高信息的利用效率，扩大信息的影响范围，加强社会的信息交流，推动社会的信息化进程。在图书馆服务中，信息共享化表现为资源互借、联盟共享、开放获取、公共利用等。例如，图书馆通过在互联网公开发布电子资源、共享纸质资源、提供公共阅读空间等方式，实现信息共享。

（三）交流互动化

交流互动化是指图书馆鼓励并促进读者之间、读者和图书馆之间进行交流和互动。交流互动化可以增强服务的参与性，促进信息的传播和创新。在图书馆服务中，交流互动化表现为社区交流、创新协作、公众参与等。例如，图书馆通过社交媒体、网络社区、创新空间、公共活动等，为读者提供交流思想、分享经验、合作创新、参与决策的机会。

（四）服务多元化

服务多元化是指图书馆提供多种类型的服务，满足读者多样化的服务需求。服务多元化可以提高图书馆服务的覆盖范围和服务效果，促进服务创新。在图书馆服务中，服务多元化表现为阅读服务、学习服务、研究服务、咨询服务、文化服务等。例如，图书馆通过提供文献借阅、信息检索、学术讲座、技能培训、艺术展览等多种类型的服务，满足读者的阅读需求、学习需求、研究需求、咨询需求和文化需求等。

（五）服务虚拟化

服务虚拟化是指图书馆利用网络技术，提供跨越时间和空间限制的虚拟化服务。服务虚拟化可以提高服务的可达性、便捷性，以及扩大服务范围。在图书馆服务中，服务虚拟化表现为远程服务、在线服务、移动服务、云服务等。例如，图书馆通过提供远程借阅、在线学习、移动咨询、云存储等虚拟化服务，满足读者在任何时间、任何地点、通过任何设备，都可以享受到图书馆服务的需求。

四、图书馆服务的原则

（一）以人为本的原则

以人为本是图书馆服务的基本原则。这一原则要求图书馆在提供服务时，始终把读者的需求放在首位，全面考虑读者的利益和需求。具体来讲，以人为本原则体现在以下几个方面：首先，图书馆需要密切关注读者的需求，提供与其需求相符合的服务；其次，图书馆需要注重提高读者的信息素养，帮助他们更有效地获取和利用信息；最后，图书馆需要关注读者的体验，为他们提供舒适的阅读环境和便捷的服务流程。

（二）平等原则

平等原则是图书馆服务的核心原则。图书馆是一个为所有人提供服务的公共机构，无论读者的年龄、性别、种族、宗教信仰、社会地位等，都应该为其提供平等的服务。平等原则不仅仅体现在服务接触的平等上，也体现在服务内容、服务方式和服务质量的平等上。为了践行平等原则，图书馆需要致力于消除服务中的各种差异和不公，如提供残障人士服务。除此之外，还需要在网络服务中保证平等接触等。

（三）开放原则

开放原则是图书馆服务的重要原则。它强调图书馆应保持开放的态度，无论是对读者，还是对服务内容、服务方式，都应持有开放、包容的态度。开放原则体现在图书馆应充分利用各种信息资源，尽可能满足读者的多样化需求上。同时，图书馆应积极与其他机构开展合作，以更好地提高服务效率和服务质量。

（四）方便原则

方便原则要求图书馆以提供方便、快捷的服务为目标。方便原则体现在各个方面，如馆藏布局、开放时间、服务流程等的设计与安排都需要考虑到方便性。在网络环境下，方便原则体现在服务的时间和空间的无限制上，满足读者可以随时随地获取图书馆服务的需求。

（五）特色服务原则

特色服务原则是指图书馆应根据自身的特点和优势，发展具有特色的服务。包括根据馆藏资源的特点，提供特色馆藏服务；根据地域、学科等特点，提供专题服务；根据读者群体的特点，提供定制化服务等。特色服务不仅能够满足读者的特殊需求，也能提升图书馆的影响力和吸引力。

（六）创新服务原则

创新服务原则要求图书馆在服务中不断创新，以适应读者需求的变化，满足社会发展的需要。创新服务可以是新的服务内容，如开展新的信息服务、知识服务等；也可以是新的服务方式，如利用新技术提供在线服务、移动服务等；还可以是新的服务模式，如联合服务、开放服务等。创新服务原则要求图书馆具有创新精神，敢于尝试和实验，以实现服务的持续改进和升级。

第二节　数智技术赋能下智慧图书馆的服务理念

一、以读者为中心

"以读者为中心"一直是图书馆倡导的服务理念，即便在数字时代、在数智技术赋能的背景下，仍旧是智慧图书馆的一个重要服务理念。具体来说，"以读者为中心"的服务理念主要体现在以下几个方面。

（一）注重情景感知服务

情景感知服务是智慧图书馆利用大数据和人工智能等技术，根据读者的喜好、行为和需求，提供的智能推荐等相关服务。这一服务模式已经在电子商务、新闻推荐、移动广告等领域得到广泛应用，且取得了显著效果。在图书馆服务中，情景感知服务主要体现在根据读者的阅读需求，设计满足读者愉快体验的阅读场景，推荐读者感兴趣的阅读主题和资料，提供便利的交流互动平台，及时收集读者对阅读的评价和反馈，调整服务方式以适应读者主体结构和消费习惯的改变。

（二）适应读者需求变化

在移动互联网技术的推动下，读者的知识获取行为和习惯均发生了深刻变化。读者更依赖方便快捷的智能设备，更趋向于随时、随地、随意的数字化阅读，更喜欢开放共享的资源环境，更愿意使用个性自由的新媒体进行交流。这些变化对图书馆提出了新的服务需求。

智慧图书馆要适应这些需求变化，需要利用大数据、人工智能、云计算等先进技术，获取和分析读者的身份信息、行为习惯和阅读偏好，为读者提供智慧检索、分析、交互、推荐和决策等知识服务，激发读者阅读兴趣，丰富读者文化知识，开发读者潜在能力，提升读者阅读能力。同时，智慧图书馆需要优化信息资源，美化阅读环境，尊重读者行为，提升服务效率，完善服务体系，建立与读者的持久联系，随时了解和掌握读者需求变化，鼓励读者积极参与图书馆服务，实现图书馆与读者需求的良性互动。只有这样，智慧图书馆才能真正满足读者需求，实现以读者为中心的服务理念。

（三）提供个性化定制服务

在信息社会快速发展的今天，读者对图书馆服务的需求越来越个性化和差异化。传统的千篇一律、刻板保守的服务方式已经不能满足读者的需求，读者需要的是个性化、特色化、时尚化的服务。因此，智慧图书馆应提供个性化定制服务，来满足读者的个性化需求。

个性化定制服务，主要是通过人脸识别、5G网络、物联网识别技术、扫码支付等新科技服务手段，为读者提供更多、更精准的个性化定制服务及智能体验。例如，智慧图书馆可以利用大数据分析技术，针对特定时间、特定地域、特定对象及特定需求，为读者提供个性化定制服务。在这个过程中，读者作为享受服务的主体，提出需要私人定制的需求，图书馆作为提供服务的主体，则应建立智能服务平台，详细了解读者的具体需求，与其他图书馆及文化服务单位合作，通过跨界融合，实现从简单定制服务到深度定制服务的进化，进而不断适应和满足读者的私人定制需求。

个性化定制服务，可以让读者自己决定需要什么样的服务，想要得到怎样的服务效果，由此也彰显了图书馆人性化服务的本质和内涵。因此，"互联网＋图书馆"的个性化定制服务，已经成为图书馆服务发展的重要方向，也成为智慧图书馆实现以读者为中心的服务理念的重要手段。

二、以平台为基础

服务平台是智慧图书馆服务的根基，没有服务平台也便谈不上智慧服务，一个优质的服务平台是集读者、资源、服务、交流于一体的综合体，能够为读者提供全方位、多功能、便捷化的智慧服务。具体来说，以平台为基础的服务理念的实现可从以下四个方面进行思考。

（一）资源整合平台

图书馆作为知识与信息的仓库，其核心职能便是管理和利用其拥有的资源。对于智慧图书馆来说，资源整合平台的建立对改善资源管理、提高服务质量有着显著的影响。这一平台整合了公共资源和私有资源，而这两种资源都是图书馆的重要组成部分，也为图书馆提供了巨大的服务能力。公共资源是具有开放性和共享性的外部资源，如开源文献、公开数据集等，私有资源则是图书馆购买、订阅或自主开发的，如购买的数据库和出版商资源，以及自建的特色数据库和机构知识库资源。

"互联网＋图书馆"的资源整合模式强调开放、共享和协同的原则。该模式旨在通过互联网跨地域、跨专业、跨行业的优势，整合各类图书馆资源，构建一个统一标准、统一路径、统一管理的超级图书馆资源整合平台。该平台提供"一站式"检索和个性化服务，同时提供便捷、海量的免费信息资源。更重要的是，该平台也鼓励读者互动与参与，共同推动资源的分享、补充和更新，从而使平台保持活跃状态，不断丰富资源，提高读者满意度。

（二）共享借阅平台

在"互联网+"时代，共享经济模式已经逐渐渗透到各个领域，包括图书馆服务领域。共享借阅平台的基本理念是实现文献资源的高效利用和读者之间的共享借阅。该平台依赖海量的信息资源与云服务共享体系，为读者提供资源搜索与获取、自助借阅管理和信息定制等服务。

共享借阅平台的创建，能减少文献资源流通中的复杂步骤，大大提高资源利用率，也能满足读者多样化的文献借阅需求，还能满足读者在线阅读、发布书评、分享感受和进行学术研讨等个性化需求。总的来说，共享借阅平台提高了借阅效率，使得智慧图书馆的服务能够更快、更直接地响应读者的需求。

（三）交流互动平台

随着互联网技术的不断发展，社交媒体渗透到人们生活的每一个角落。微信、QQ、微博、论坛等成为人们日常交流的重要工具，而"互联网+图书馆"的理念也引导着图书馆构建智能、互通、便捷的交流互动平台，以满足读者的需要。这种新型的交流互动平台比传统的留言板、电子邮件等具有更好的实效性，且参与度更高、互动性更强，能够满足读者日益增长的交流和互动需求，也能够调动读者参与的积极性。

以微信图书馆为例，这是一个以微信为基础来提升图书馆服务的交流互动平台。它不仅加强了图书馆与读者之间的联系，而且提升了图书馆服务的实时性和互动性。图书馆会安排专业馆员负责微信平台的运营和维护，对读者的提问给予及时的回应，从而有助于增强与读者之间的交流互动。同时，读者可以对图书馆发布的信息或推荐的资料发表自己的看法和评论，也可以将自己的想法、见解和意见直接反馈给图书馆，从而有助于提升图书馆的服务质量和效率。目前，微信图书馆已经广泛应用于各大高校和公共图书馆，成为加强图书馆与读者交流互动的重要渠道，也是"互联网+图书馆"运用新媒体社交软件的成功尝试之一。

（四）联盟服务平台

"互联网+"理念鼓励打造开放生态，连接一切。这种理念打破了图书馆原有的服务边界，缩小了数字鸿沟，减少了信息不对称情况，有利于图书馆拓展智慧服务渠道，拓宽智慧服务空间，扩大信息服务范围。传统的图书馆服务往往受资金、技术、资源、人才等方面的局限，服务质量和效率难以提高。而"互联网＋图书馆"的联盟服务平台能够打破时空限制，促进图书馆与其他行业、机构进行合作，打造联盟式的服务模式。

联盟服务平台能够整合各方资源，打造服务共享体系，满足读者多样化、全面化的需求。例如，图书馆可以与学校、科研机构、企业、政府部门等联盟，利用互联网和现代信息技术，整合教育资源、科研资源、社会资源，从而为读者提供全方位的信息服务。通过联盟服务平台，图书馆能够获取更丰富的资源，提供更优质的服务，满足读者全面、多元的需求，这也是"互联网＋图书馆"理念的一种重要体现。

三、以"4S"① 服务理念为目标

（一）"4S"服务理念的概念

"4S"服务理念强调创建一种创新的服务模式，该模式要以用户为中心，从满意度、服务、速度和诚意四个维度提供服务，以提升用户的满意度和工作效能。

（1）满意度：提供与用户需求相匹配的服务，强调服务质量和效果，确保用户对服务满意。

（2）服务：提供高质量、高效率的服务，实现对用户的全方位服务。

（3）速度：强调服务的响应速度和处理速度，为用户提供及时、快捷的服务，以提升用户的满意度和忠诚度。

（4）诚意：服务提供者应持有的态度，包括对用户的尊重、诚信和负责任，从而建立良好的客户关系。

"4S"服务理念强调服务提供方与用户之间的沟通，因此服务提供

---

① 4S指满意度（satisfaction）、服务（service）、速度（speed）、诚意（sincerity）。

方需要深入了解用户需求，通过服务方式的多元化满足用户多样化的需求，提升用户满意度，从而实现服务质量的提升和用户关系的维护。

（二）"4S"服务理念下智慧图书馆的服务定位

智慧图书馆的服务定位会影响其发展方向，在需求、发展、沟通、内容层面的准确定位，能够有效帮助智慧图书馆集合资源和确立目标，从而在不断发展的过程中践行"4S"服务理念，进而促进智慧图书馆健康、有序发展。具体而言，"4S"服务理念智慧图书馆下的服务定位主要体现在以下四个方面。

1.需求层面个性化

在需求层面，"4S"服务理念强调对读者个性化需求的关注。满意度的提升与满足读者个性化需求成正比，个性化需求体现在服务内容、服务方式及服务时间等多个维度。智慧图书馆需要对读者的阅读需求、学习需求、研究需求等进行深入了解和掌握，形成读者画像，根据读者画像提供个性化服务。例如，按照读者的喜好推荐相关书籍，提供多种渠道的图书借阅方式，为不同学科的学习者提供专门的学术资源等。在这个过程中，智慧图书馆可以利用大数据、人工智能等技术，以更加精准的方式满足读者个性化需求。

2.发展层面现代化

在发展层面，智慧图书馆要实现现代化的服务定位。这里的现代化，不仅指硬件设施、资源建设的现代化，更指服务方式和服务思维的现代化。云计算、大数据、人工智能等现代技术手段，可以提升智慧图书馆服务的效率和质量。同时，智慧图书馆需要不断引进新的服务方式，如在线咨询、在线预约、远程访问等，以适应读者的需求变化；还需要不断变革服务理念，在坚持以读者为中心的基础上，主动适应和满足读者不断发展变化的需求，提升读者体验。

3.沟通层面互动化

在沟通层面，"4S"服务理念强调互动化。这意味着图书馆与读者间的交流不再是单向的，而是双向的、互动的。因此，智慧图书馆不仅要提供服务，还要了解读者的需求、听取读者的意见，通过与读者的互动，不断提升服务质量。互动化的沟通方式可以是面对面的咨询、电话咨询，也可以是在网络社区、论坛、社交媒体等上的互动。在这个过程中，智慧图书馆要积极利用各种现代通信工具，构建起与读者的互动平台，并积极、及时地响应读者提出的需求、反馈的问题等，有效解决读者的问题，提升读者体验和满意度。

4. 内容层面专业化

在内容层面，智慧图书馆的服务定位为专业化。这主要体现在智慧图书馆提供的信息资源的质量和专业性上。智慧图书馆需要收集、整合各类专业知识资源，如学术论文、专业书籍、研究报告等，确保信息资源的准确性和时效性。同时，馆员也需要具备一定的专业知识，从而为读者提供有效的信息咨询和指导服务。专业化的内容服务，可以提升智慧图书馆的权威性和影响力，吸引更多的读者，满足读者对高质量、专业性信息的需求。

第三节　数智技术赋能下智慧图书馆服务体系建设思路

在数智技术的赋能下，智慧图书馆服务体系建设可以从服务手段、共享空间、服务内容、服务模式四个方面着手，如图 5-2 所示。

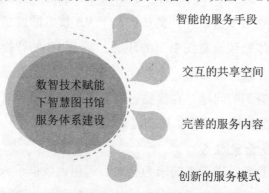

图 5-2　数智技术赋能下智慧图书馆服务体系建设

一、智能的服务手段

智能服务指充分利用物联网、云计算、大数据、人工智能及 5G 网络等技术的优势，将智能手段融入图书馆的服务中，从而有效提升图书馆的服务水平和服务效率。具体到智慧图书馆，智能服务手段主要体现在智能资源服务、智能技术服务、智能需求服务、智能管理服务及智能社会服务五个方面，这五个方面相互联系、彼此交融，共同构建起智慧图书馆的智能环境。

（一）智能资源服务

智能资源服务是智慧图书馆在数字化转型中的重要组成部分。在云计算和大数据技术的支持下，智慧图书馆可以对图书和其他资源进行更高效、更精准的分类和整理。例如，运用人工智能技术中的语义分析技术，能够使图书的查找和检索更加简单、快捷。基于读者的历史借阅数据和搜索行为，运用机器学习算法，可以为读者提供个性化推荐，如推荐他们可能感兴趣的书籍和资料。5G 技术使得读者随时随地远程访问智慧图书馆的数字资源成为可能。总的来说，智能资源服务通过高效、精准的资源管理和个性化服务，大幅提升了智慧图书馆的服务质量。

（二）智能技术服务

智能技术服务是智慧图书馆服务体系的另一重要组成部分。包括 VR、AR 等沉浸式技术在内的各种创新技术，使得智慧图书馆的服务形式和服务内容更加丰富多样。例如，基于 VR 技术的虚拟导览可以让读者在家中就能体验到智慧图书馆的环境。基于 AR 的智能导航和问答系统，可以为读者提供实时的、个性化的咨询服务，解答他们在享受智慧图书馆服务时遇到的问题。在这些智能技术的支持下，智慧图书馆的服务形式和内容都得到了极大扩展和提升。

（三）智能需求服务

智能需求服务是以读者需求为导向，运用大数据、人工智能等技术分析和预测读者的阅读需求和兴趣，从而为他们提供更精准、更个性化的服务。例如，基于读者的历史借阅数据和搜索行为，智慧图书馆可以运用机器学习算法进行读者画像构建，从而了解读者的阅读需求和兴趣，进而为读者提供个性化的阅读推荐和咨询服务。除此之外，通过对读者反馈和评论的分析，智慧图书馆可以及时发现并解决服务中存在的问题，进一步提升服务质量。

（四）智能管理服务

智能管理服务主要是指利用云计算、大数据和人工智能等技术，对智慧图书馆进行智能化管理。例如，通过运用物联网技术，智慧图书馆可以对图书的存放和流通进行实时监控，大大提高了图书的管理效率。通过运用大数据和人工智能技术，智慧图书馆可以对读者的行为和需求进行分析，从而制订更精准的资源配置计划和服务规划。在智能管理服务的支持下，智慧图书馆的管理效率和服务质量均得到显著提升。

（五）智能社会服务

智能社会服务主要是指智慧图书馆利用其丰富的知识资源和先进的数字技术，为社区提供各种知识服务，如公共讲座、线上阅读俱乐部等。例如，智慧图书馆可以利用大数据和人工智能技术，对社区的阅读需求和兴趣进行分析，从而为社区提供更符合其需求的阅读活动和服务。智慧图书馆也可以利用其数字资源，为社区的教育、文化等提供支持。在智能社会服务的支持下，智慧图书馆的社会价值得到进一步提升。

二、交互的共享空间

在数智技术的赋能下，智慧图书馆应构建人与人、物与物以及人与物之间相交互的共享空间，这是智慧图书馆服务体系建设的重要一环。具体而言，交互的共享空间可以从信息资源共享空间、知识学习共享空间、创客服务共享空间、公共文化共享空间四个方面进行构建。

（一）信息资源共享空间

信息资源共享空间是智慧图书馆服务体系的一个关键组成部分，它为智慧图书馆之间、智慧图书馆和其他机构之间的交流与协作提供了便利。这个空间的出现，极大地促进了信息资源共享活动的繁荣发展。这不仅是因为互联网的广泛应用，更是因为人们认识到了满足读者对信息资源的需求，不但需要拓展本馆的信息资源空间，也需要拓展非本馆的网络信息资源空间。因此，信息资源共享空间的建设，实际上就是一个对图书馆技术、资源和服务有效整合的过程。

信息资源共享空间的价值不仅在于它能够帮助读者获取更丰富的信息资源，而且在于它能够提供一个广阔的资源利用和分享平台。在这个平台上，读者不仅可以下载、利用、评价和分享信息资源，还可以根据自己的需要，单独完成或与志同道合的人共同完成新的信息资源的创造。

（二）知识学习共享空间

知识学习共享空间是智慧图书馆服务体系的重要组成部分。相比于信息资源共享空间，知识学习共享空间更强调读者的学习需求和学习环境的构建。这个空间不仅包括实体的学习共享空间，也包括虚拟的学习共享空间。

实体学习共享空间提供了一个面对面的学习场所，读者可以在这里进行研究或者展示自己的作品。而虚拟学习共享空间则利用新兴的 VR、AR 等技术，为读者打造了一个"场景式"的知识学习空间。在这个空间中，读者可以获得更真实的学习体验，分享自己的学习成果，并引导其他读者参与其中。这个空间更注重读者自身的学习感受和效果，更多考虑读者在线学习的便利性。

（三）创客服务共享空间

创客服务共享空间也是智慧图书馆服务体系的重要组成部分。这个空间将智慧图书馆转化为一个集学习、研究、创新和创业于一体的创客中心，为读者提供了一种新的服务方式。这个空间不仅为读者提供了硬件设施，如 3D 打印机、激光切割机、电子制作工具等，还提供了各种技术支持和知识服务，旨在帮助读者完成从理念到产品原型的创新过程。这个空间鼓励读者在自由、开放的环境中，进行跨学科、跨领域、跨文化的创新创业活动。

创客服务共享空间提供了一种新的学习模式，即"动手做"的学习模式。该学习模式鼓励读者通过实践学习和掌握新技术，这既符合现代人的学习习惯，又能促进读者综合素质和创新能力的提升。此外，创客服务共享空间还提供了一种新的社区服务模式，即开放创新的社区服务模式。通过开展各种活动，如创新工作坊、创新竞赛、创新项目孵化等，积极推动社区的创新活动，提高社区的创新能力和活力。

（四）公共文化共享空间

公共文化共享空间也是智慧图书馆服务体系的重要组成部分。这个空间将智慧图书馆转变为一个开放、多元、互动的公共文化场所，旨在满足读者的文化生活需求和提升公共文化服务水平。在这个空间，读者可以通过开展图书阅读、艺术欣赏、科技体验、社区活动等活动，传播优秀文化，丰富文化生活，提升文化创新能力。

公共文化共享空间的建设，是智慧图书馆公共文化服务的重要内容。这个空间的开放和共享，反映了智慧图书馆在公共文化服务中的开放性、平等性和互动性原则；这个空间的多元和互动，反映了智慧图书馆在公共文化服务中的多元性和人文性原则；这个空间的优质和创新，反映了智慧图书馆在公共文化服务中的优质性和创新性原则。

三、完善的服务内容

对于完善智慧图书馆的服务内容，数智技术提供了诸多可能性。具体而言，可以从以下几个方面进行探索和拓展。

（一）丰富的数字资源

随着数字化进程的加速，图书馆的服务方式正在发生深刻变化，而数字资源已经成为图书馆的重要服务内容。鉴于此，智慧图书馆应该优化和丰富其数字资源，以满足读者对丰富、高质量和易获取的数字资源的需求。

智慧图书馆的数字资源包括音视频、数据库、电子书等多种形式的资源。对于这些资源，智慧图书馆应运用先进的数字技术进行高质量的数字化处理，保证数字资源的质量和可用性。智慧图书馆还应建立健全数字资源采购、整合和更新机制，不断丰富和更新数字资源，以满足读者的个性化需求。

数字资源的整合工作是智慧图书馆的重要任务。通过整合各种类型的数字资源，智慧图书馆可以构建一个全面、统一的资源平台，使读者能在该平台方便地获取和使用各种资源。数字资源整合工作需要智慧图书馆与各方资源提供者进行深度合作，通过共享和交换资源，共同构建一个开放、共享的数字资源环境。

另外，智慧图书馆需要构建先进的数字资源服务系统，为读者提供高效、便捷的数字资源服务。例如，智慧图书馆运用人工智能和大数据技术，为读者提供数字资源智能搜索服务，这样读者能更快、更准确地找到所需资源。为满足读者的各种使用需求，智慧图书馆还应提供多元化的资源使用服务，如在线阅读、下载、打印等。

（二）个性化推荐服务

在大数据和人工智能技术的支持下，智慧图书馆可以实现对读者阅读行为和兴趣的深度挖掘，从而为其提供个性化的阅读推荐服务。个性化推荐服务是智慧图书馆提供优质服务的重要体现，也是吸引和留住读者的重要手段。

个性化推荐服务的实现依赖对读者行为和需求的深入了解。首先，智慧图书馆需要收集和分析读者的借阅记录、搜索历史、阅读反馈等数据。然后，利用机器学习、自然语言处理等人工智能技术，对这些数据进行深度分析和挖掘，从而识别出读者的阅读习惯、兴趣偏好等信息。最后，智慧图书馆可以根据这些信息，推荐与读者阅读兴趣相符的书籍或资料，帮助他们发现更多可能感兴趣的内容。

个性化推荐服务不仅可以提高读者的阅读体验和满意度，还可以帮助智慧图书馆提升服务效率和效果。例如，个性化推荐服务可以帮助读者更快地找到所需的资源，减少了读者的时间成本；也可以帮助智慧图书馆更好地了解读者需求，从而更精准地满足读者的需求，进而提高读者对服务的满意度。

更重要的是，智慧图书馆需要注意保护读者隐私和数据安全。在收集和分析读者数据的过程中，应遵守相关法律法规，尊重读者的隐私权，保证读者数据的安全。

（三）教育和学习服务

图书馆是知识的仓库，也是学习的场所。因此，提供教育和学习服务是图书馆的重要职责。鉴于此，智慧图书馆应建立健全在线学习平台，提供丰富的学习资源，支持读者的自主学习。这些学习资源包括但不限于电子教材、在线课程、学习指南、学习工具等，覆盖各学科领域，以满足读者的各种学习需求。在线学习平台还应提供 24 小时服务，保证读者可以随时随地进行学习。

为进一步深化服务，智慧图书馆可以提供互动学习服务，支持读者之间的交流和合作，提高学习的效率和乐趣。例如，读者可以在在线问答中向图书馆专家或其他读者提问，并获取解答；也可以在讨论区中分享学习心得，与其他读者互相学习；还可以通过在线工具进行合作学习，共同解决问题。

此外，智慧图书馆还可以与学校和其他教育机构进行合作，共享资源，共同推动学习和教育的发展。例如，智慧图书馆可以提供学校课程的辅助资源，如课程指南、学习材料等；也可以参与学校的教学活动，如课堂讲座、学术研讨等；还可以与教育机构合作开展教育项目和研究，共同推动教育的创新发展。

（四）社区互动服务

智慧图书馆不仅是信息和知识的中心，也是社区的中心。因此，智慧图书馆应注重提供社区互动服务，构建活跃、健康的社区环境，满足读者的社交和交流需求。

社区互动服务具体指智慧图书馆提供的一系列支持读者之间交流、

分享和互动的服务。例如，智慧图书馆构建线上论坛、阅读俱乐部等平台，鼓励读者之间进行交流和分享；开展读书会、研讨会等活动，促进读者的面对面交流；组织社区活动，如公益活动、志愿者服务等，引导读者参与到社区建设中来。

社区互动服务不仅可以提升读者的使用体验和满意度，还可以增强智慧图书馆的社区影响力，促进智慧图书馆的持续发展。例如，通过社区互动服务，读者可以找到志同道合的朋友，增强阅读和学习乐趣；智慧图书馆可以更好地了解和满足社区需求，借此建立和深化与社区的联系，增强自身的社区影响力。

四、创新的服务模式

在数智技术的赋能下，智慧图书馆的服务模式有着广阔的创新空间。下面，笔者简要介绍其中的三种。

（一）嵌入式服务模式

嵌入式服务模式是指将图书馆的服务深入读者的日常生活、学习和工作中，与读者的需求和环境紧密相连，实现服务的无缝对接。这一模式的实施，可以帮助图书馆提供更贴近读者需求的服务，从而增强图书馆的服务效果和读者满意度。

为实施嵌入式服务模式，智慧图书馆需要了解和分析读者的需求和环境。例如，对于学生读者，需要了解他们的学习需求、课程内容、学习方法等；对于企业读者，需要了解他们的工作内容、信息需求、工作流程等。基于这些了解和分析，智慧图书馆可以设计出符合读者需求和环境的服务，并将这些服务嵌入读者的学习和工作中。

为实施嵌入式服务模式，智慧图书馆也需要充分运用各种数智技术，如云计算、物联网、大数据、人工智能等。例如，通过运用云计算和物联网技术，建立图书馆服务平台，并与学校的教学系统、企业的工作平台等进行对接，实现服务的在线化和移动化。通过运用大数据和人工智能技术，对读者数据进行深度分析，了解读者的阅读习惯和爱好，精准推送符合读者需求的服务。

为实施嵌入式服务模式，智慧图书馆还需要注意读者隐私和数据安全问题。所有数据的收集和使用，都应在读者知情同意的前提下进行。同时，智慧图书馆需要建立有效的数据保护机制，防止读者数据的泄露和滥用。

（二）智能助手服务模式

智能助手服务模式旨在利用人工智能技术，开发出能够为读者提供24小时在线服务的智能助手。智能助手可以根据读者的需求，提供个性化的服务，如回答查询、推荐资源、提供阅读建议等。

实施智能助手服务模式的关键是人工智能技术。例如，通过自然语言处理技术，智能助手可以理解和处理读者的自然语言查询，从而提供准确的回答；通过机器学习技术，智能助手可以从读者的行为和反馈中学习和优化，实现服务的持续改进。

智能助手服务模式的实施，可以大幅提升智慧图书馆服务的效率和便利性。首先，智能助手可以提供24小时的在线服务，能够满足读者随时随地使用智慧图书馆服务的需求。其次，智能助手可以为读者提供个性化的服务，从而增强智慧图书馆服务的针对性和读者的满意度。最后，智能助手可以减轻智慧图书馆工作人员的工作负担，使他们能够将更多的精力放在更复杂、更需要人工介入的服务上。

然而，实施智能助手服务模式也面临一些挑战。例如，如何保证智能助手的服务质量，如何处理智能助手无法处理的复杂查询，如何保护读者隐私和数据安全等。这些问题需要智慧图书馆在实施智能助手服务模式时，进行充分的考虑和解决。

（三）互动参与服务模式

互动参与服务模式旨在利用社交网络和在线社区等工具，鼓励和引导读者参与到智慧图书馆的服务和活动中来，建立互动参与的社区环境。这一模式可以增强读者的参与感和归属感，提升智慧图书馆的服务质量和读者满意度。

为实施互动参与服务模式，智慧图书馆需要建立在线社区、线上阅读俱乐部、论坛、工作坊等各种互动平台，鼓励读者在这些平台上分享阅读体验和心得，参与图书推荐和评价及各种线上活动和讨论，从而形成丰富多彩的社区生活。这些互动和参与不仅可以满足读者的社交和交流需求，也可以为智慧图书馆提供宝贵的读者反馈和建议，帮助智慧图书馆了解读者需求，改进服务。

　　为实施互动参与服务模式，智慧图书馆还需要注重对互动参与服务模式的管理和维护。例如，智慧图书馆可以设立完善的社区规则，维护社区的秩序和氛围，保护读者的权益；还可以设立健全的反馈机制，及时处理读者的建议和问题，提升读者的满意度和信任。

第四节　数智技术在智慧图书馆服务中的具体应用

　　前面的内容论述了多种数智技术，在本节中，笔者以物联网技术为例，论述数智技术在智慧图书馆服务中的具体应用。具体而言，物联网技术在智慧图书馆服务中的应用主要表现在五点，如图 5-3 所示。

图 5-3　物联网技术在智慧图书馆服务中的具体应用

一、自动化借还书服务

　　物联网技术，尤其是 RFID 技术，为智慧图书馆的借还书服务带来了革命性的变化。RFID 标签被嵌入每一本书中，使得每一本书都具有唯一的身份。读者可以通过自助服务站上的 RFID 阅读器扫描这些标签，自助借阅和归还图书，从而实现整个流程的自动化。具体来说，物联网技术在自动化借还书服务中的应用，主要体现在以下几个方面。

（一）提高效率

在传统的图书馆借阅服务中，读者需要通过与图书馆馆员的交互来完成借还书的过程，该过程不仅消耗时间，而且会受到图书馆馆员工作时间的限制。然而，智慧图书馆的自助服务站可以实现读者在任何时候进行图书的借阅和归还，而无需等待图书馆馆员的帮助，还可以避免读者排队等待，特别是在高峰期，可以明显提高智慧图书馆的服务效率。除此之外，通过运用 RFID 技术，借阅和归还图书的信息可以立即更新到数据库中，这使得对图书的管理和追踪更加方便，也使得读者可以实时地获取图书的借阅状态。

（二）延长服务时间

智慧图书馆的自助服务站可以提供 24 小时服务，这意味着读者不再受图书馆开放时间的限制，而可以在任何时候进行图书的借阅和归还。这种服务模式突破了传统图书馆服务的时间限制，极大地延长了智慧图书馆的服务时间。这对于那些因工作、学习或其他原因不能在图书馆的开放时间来借阅和归还图书的读者来说，是一个极大的便利。不仅如此，对提高智慧图书馆服务的便利性和读者满意度，也有极大的帮助。

（三）提高图书馆馆员的工作效率

自动化借还书服务可以显著减轻图书馆馆员的工作负担。在传统的图书馆管理模式下，图书馆馆员需要投入大量的时间和精力处理图书的借阅和归还等工作，这无疑对他们提高工作效率造成了影响。而自助服务站的出现，减少了图书馆馆员的这部分工作，使得他们可以将更多的时间和精力投入其他更需要他们专业知识的服务和任务中，如图书编目、信息咨询、阅读指导等。这不仅能提高他们的工作效率，也能提高他们对工作的满意度，还能进一步提升智慧图书馆的服务质量。

（四）提高借还书服务的精确性

RFID 技术可以显著提高借还书服务的精确性。每一本书都被嵌入一个具有唯一身份的 RFID 标签，使得每一本书都可以被精确地追踪和管理。借阅和归还图书的信息可以立即通过 RFID 系统读取并更新到数据库中，从而确保数据的准确性。此外，RFID 系统还可以减少人为错误。在传统的图书馆管理模式下，图书馆馆员需要手动输入和检查数据，这无疑增加了出错的可能性，而自动化借还书服务可以减少这种错误，提高服务的精确性和可靠性，从而增加读者的满意度和信任度。

二、个性化推荐服务

物联网技术在智慧图书馆的个性化推荐服务中发挥了关键作用。借助物联网的数据收集和处理能力，智慧图书馆可以对读者的阅读喜好、历史借阅记录及图书搜索行为等信息进行分析，从而为读者提供更符合其需求和兴趣的图书推荐服务。具体来说，物联网技术在个性化推荐服务中的应用，主要体现在以下几个方面。

（一）提高读者满意度

个性化推荐服务可以极大地提高读者的满意度。通过对读者的阅读行为和兴趣等进行深度分析，智慧图书馆可以为每一个读者提供专属的图书推荐，这些推荐能更贴合读者的阅读兴趣和偏好。这样的服务可以帮助读者更快速地找到他们感兴趣的图书，提升阅读体验，从而提高对智慧图书馆的满意度。

（二）开阔阅读视野

个性化推荐服务也可以帮助读者开阔他们的阅读视野。通过对读者阅读行为的分析，智慧图书馆可以为读者推荐与他们历史阅读记录相似但他们尚未发现的新书，或者其他读者也感兴趣的同类图书，这样可以帮助读者发现他们可能忽视或不了解的新书籍，从而开阔他们的阅读视野。

（三）提高智慧图书馆的社区参与度

个性化推荐服务还可以提高智慧图书馆的社区参与度。例如，根据读者的阅读兴趣和喜好，智慧图书馆可以组织一系列活动，如主题阅读会、图书讨论小组等，这不仅可以提升读者的阅读体验，也能加强智慧图书馆与读者之间的联系，促进两者间的互动。

三、智能导航服务

物联网技术，特别是室内定位技术，在智慧图书馆的智能导航服务中发挥了重要作用。智能导航服务可以为读者提供精确的图书位置信息，帮助他们更快、更准确地找到所需的图书。具体来说，物联网技术在智能导航服务中的应用，主要体现在以下几个方面。

（一）提高寻书效率

智能导航服务显著提高了读者找寻图书的效率。在传统的图书馆管理模式下，读者通常需要根据图书的分类号或者作者名字在一排排书架中寻找他们需要的图书。这个过程往往耗时且费力，特别是那些首次访问图书馆或者对图书馆布局不熟悉的读者。然而，智能导航服务可以解决这个问题。

智慧图书馆的每一本图书都配备 RFID 标签，这使得对图书的定位和追踪变得更加容易。读者只需要在智能设备上输入他们想找的图书的信息，该设备就可以立即提供图书的准确位置，极大地简化了寻书过程，尤其对那些时间紧迫、行动不便或者对图书馆布局不熟悉的读者来说，是一个极大的帮助。

智能导航服务使得图书馆馆员不再需要花费大量的时间帮助读者寻找图书，而是可以将更多的时间和精力投入其他更需要他们专业知识和技能的服务中，如信息咨询、阅读指导等。这不仅可以提高他们的工作满意度，也可以提高智慧图书馆的服务质量。

（二）提供舒适的阅读环境

智能导航服务可以为读者提供一个舒适的阅读环境。在传统的图书馆管理模式下，读者往往需要往来于书架之间寻找他们需要的图书。这不仅耗费读者的时间，也给其他人造成噪声干扰。然而，智能导航服务的实施，使得读者可以直接在他们的智能设备上查找图书的位置，然后直接到指定的书架取书。这个过程无疑可以减少噪声，有利于为读者提供一个更加舒适和安静的阅读环境。

（三）丰富图书馆的服务内容

智能导航服务可以为智慧图书馆提供一个丰富其服务内容的机会。例如，通过智能导航服务，智慧图书馆可以提供一些创新服务，如图书位置的动态显示、3D图书馆导航等。这些创新服务可以让智慧图书馆的服务充满科技感，提高对读者的吸引力。

此外，智能导航服务还可以与其他服务结合，构建一些新的服务模式。例如，智能导航服务和个性化推荐服务结合，这样读者不仅可以在他们的智能设备上获取图书推荐信息，还可以直接获取推荐图书的位置信息。这无疑可以提升读者的满意度，进而增强读者对智慧图书馆的忠诚度。

四、智能阅读空间

智能阅读空间是智慧图书馆提供的一项关键服务，它改变了传统阅读空间的形式，提升了读者的阅读体验，满足了读者对舒适、高效、互动和个性化阅读环境的需求。具体来说，物联网技术在智能阅读空间中的应用，主要体现在以下几个方面。

（一）提升阅读体验

通过运用物联网技术，如环境传感器，智慧图书馆实现了对阅读环境的智能控制，包括对温度、湿度、照明等的控制。阅读空间中的环境传感器，可以自动调整和优化阅读环境，使其达到最佳状态，从而为读者提供舒适的阅读体验。例如，环境传感器可以根据读者的需求，调节照明强度和室内温度等。这些条件的改变可以极大地提升读者的阅读体验，使他们的阅读更加舒适和愉快。

（二）提高阅读效率

一些物联网设备的运用，可以提高读者的阅读效率。例如，智能书签可以帮助读者记录他们的阅读进度，提供阅读提示，甚至为他们提供阅读建议。电子纸则可以帮助读者更轻松地查看和浏览图书，而不受纸质图书的页数和尺寸的限制。

（三）增强互动性

通过运用物联网技术，智慧图书馆可以为读者提供更加互动的阅读体验。例如，智慧图书馆中的互动显示器，可以为读者提供动态的图书推荐、阅读指导等服务。读者通过在触摸屏上操作，可以获取他们感兴趣的信息。此外，智慧图书馆可以利用物联网设备，如智能手机和平板电脑，为读者提供能够互动的电子书阅读体验，如与其他读者交流图书心得。这种互动的阅读体验，可以增强读者的阅读兴趣。

（四）提供个性化阅读服务

通过运用物联网技术，智慧图书馆可以提供个性化的阅读服务。例如，智慧图书馆可以利用物联网设备，如智能手机和平板电脑，为读者提供个性化的电子书阅读体验。具体来讲，读者可以自定义他们的阅读环境，如字体大小、背景色等。这种个性化的阅读体验，不仅可以满足读者的个性化需求，也可以提高他们的阅读满意度。

五、实时反馈服务

随着物联网技术的发展，智慧图书馆开始提供实时反馈服务。该服务的实施大大提高了智慧图书馆服务的效率，也进一步提升了读者的满意度。具体来说，物联网技术在实时反馈服务中的应用，主要表现在以下几个方面。

（一）实时数据分析

随着物联网技术的发展，智慧图书馆开始提供一种新的服务方式——实时数据分析。物联网技术的使用，使得智慧图书馆可以收集和分析大量实时数据，从而能够对读者需求有更深入的了解。例如，通过物联网技术采集到的图书借阅情况、阅读空间的使用情况、读者的阅读行为等数据，为智慧图书馆提供了丰富的信息源。通过对这些数据的实时分析，智慧图书馆可以更准确地了解读者的需求和偏好，从而快速做出反应，及时调整服务策略，提供更高质量的服务。这种实时数据分析，不仅提高了智慧图书馆服务的效率，还提升了智慧图书馆服务的精准度。如果数据显示某一类型的图书被频繁借阅，智慧图书馆可以在第一时间增加这类图书的数量，以满足读者的需求。这种通过实时数据分析来优化服务的方式，无疑为智慧图书馆的发展开辟了新的可能。

（二）实时反馈

随着物联网技术的广泛应用，智慧图书馆已经可以实时获取读者的反馈。通过智能手机、平板电脑等物联网设备，读者可以随时随地地对智慧图书馆的服务进行评价。这些实时反馈信息对智慧图书馆来说，无疑是宝贵的资源，因为可以帮助智慧图书馆了解自身服务的优点和不足，从而更好地改进服务。实时反馈系统也可以进一步增强智慧图书馆与读者之间的联系，进而增强读者对智慧图书馆的满意度和归属感。例如，当读者提出一些具有建设性的建议时，智慧图书馆应立即对其给予反应，让读者感到他们的建议被重视和尊重，这对提升读者的满意度和忠诚度具有重要的作用。

（三）预警系统

物联网技术可以帮助智慧图书馆建立起一套预警系统。这套系统可以实时监控智慧图书馆的运行状态，当出现异常情况时，如一部分设备发生故障或者某本书被频繁借阅但库存量低时，会立即发出警报，提示工作人员进行及时处理。这套预警系统的建立，无疑可以提高智慧图书馆的运行效率，减少故障或者其他问题导致的服务中断情况，减少智慧图书馆运营的风险。

（四）改进管理和决策制定

实时反馈服务可以帮助智慧图书馆更好地管理其资源和服务，以及更科学地制定决策。物联网技术可以收集到大量的实时数据，这些数据为智慧图书馆的管理和决策制定提供了重要依据。例如，通过对图书借阅数据的分析，智慧图书馆可以了解哪些图书最受欢迎，哪些图书需要进一步推广；通过对阅读空间使用数据的分析，智慧图书馆可以了解哪些空间最受欢迎，哪些空间需要进行改进；通过对读者反馈信息的分析，智慧图书馆可以了解哪些服务最受欢迎，哪些服务需要改进。这可以使智慧图书馆的决策更加科学，更具针对性。

第六章　数智技术赋能智慧图书馆管理体系建设

第一节　对图书馆管理的基础认识

一、图书馆管理的概念与特点

（一）图书馆管理的概念

图书馆管理是一种以读者需求为中心，全面管理和运营图书馆资源、设施、服务和人员的综合活动。它涵盖对图书馆的物理空间、电子资源、图书馆员工、读者服务等多个方面的管理，目的是通过有效地利用和分配图书馆资源，为读者提供最优质的服务，同时确保图书馆的有效运营和持续发展。

图书馆管理需要遵循一定的原则和策略，以适应图书馆服务的变化。例如，图书馆管理需要考虑如何适应数字化趋势，如何利用技术提高服务质量和效率，如何通过研究了解和满足读者需求等。

此外，图书馆管理还涉及对图书馆策略、政策、规章制度的制定和实施，以及对图书馆服务质量、效率、满意度的评估和改进。总的来说，图书馆管理是一个复杂且全面的过程，需要管理者具备深厚的专业知识、多元的管理技能和开阔的视野。

（二）图书馆管理的特点

1.综合性

图书馆管理的综合性主要体现在管理领域的广泛上，涵盖资源采购、分类编目、信息服务、设施管理、人员管理、财务管理等多个方面，每个方面之间相互联系、相互影响，同时都需要专门的知识和技能人员。例如，资源采购需要图书馆馆员对文献资源有深入了解，分类编目需要图书馆馆员具备专业的分类知识，信息服务需要图书馆馆员有良好的沟通和解决问题的能力，设施管理需要图书馆馆员具备物业管理知识，人员管理需要图书馆馆员具备人力资源管理技能，财务管理则需要图书馆馆员具备财务知识。所有这些方面又需要协调一致，共同支持图书馆的运营。因此，图书馆管理的综合性要求图书馆馆员具备广泛的知识和技能，能够完成多元化的任务和处理复杂的问题。

2.科学性

图书馆管理的科学性体现在管理方法和原则上。首先，图书馆管理需要遵循科学的方法，包括对图书馆业务的系统化分析、对读者需求的精准评估、对资源的科学配置、对服务的量化评价等，都需要有科学的方法作支撑。其次，图书馆管理需要遵循科学的原则，包括公正公平的原则、以人为本的原则、效益优先的原则等。只有践行科学的方法和原则，才能保证图书馆管理的有效性和公正性。

3.动态性

图书馆管理的动态性主要体现在图书馆业务和服务的变化和发展上。随着信息技术的发展和社会环境的变化，图书馆的业务和服务在不断发展和变化。例如，数字化、网络化、智能化等新技术的应用，使得图书馆的服务形式发生了深刻的变化。另外，读者的需求和期待也在不断变化，这就要求图书馆能够快速响应这些变化，调整和优化自己的服务。因此，图书馆管理需要有前瞻性和灵活性，能够适应和引导变化。

4.协调性

图书馆管理的协调性主要体现在图书馆的整体性和协调性上。图书馆是一个复杂的系统，包含多个部门和业务，这就需要图书馆管理者有协调各部门、各业务的能力，保证图书馆的整体运行。此外，图书馆还需要与外部环境进行协调，如与读者协调、与社区协调、与其他图书馆和机构等协调。只有各方达到协调，才能保证图书馆的和谐与稳定。

5.技术依赖性

图书馆管理的技术依赖性主要体现在其对信息技术的依赖上。信息技术为图书馆业务和服务提供了重要支持。资源管理系统、检索系统、数字资源平台、自助服务设备、数据分析工具等这些技术和设备通过提供新的服务方式和手段，提高了图书馆的服务效率。然而，这也意味着图书馆需要不断更新和维护这些技术和设备，而且，管理者也需要不断学习和更新技术知识和技能。因此，图书馆管理对技术的依赖性既是机遇也是挑战。

二、图书馆管理的职能

（一）决策职能

决策职能在图书馆管理过程中扮演着关键的角色。决策是在思考活动中，基于特定的目标和条件，从多种可能的方案中选择一种来执行的过程。这个过程不仅需要预设各种方案的可行性，还需要考虑未来的行动和需求。在做出决策之前，决策者需要评估外部环境以及自身的优点和缺点，以便对未来的情形做出基本判断。由于未来的情形受许多变化因素的影响，具有很大的不确定性，所以决策过程存在一定的风险。决策者很难找到最优解决方案，找到一个相对优的方案是一个好的选择。

决策可进一步细分为目标性决策和执行性决策。在图书馆的决策中，目标性决策占主导地位，因为它规定了执行性决策的性质和方向。如果没有正确且适当的目标性决策，执行性决策只会事倍功半。在高层管理中，目标性决策较多；而在基层管理中，执行性决策较多。

在图书馆系统中，决策涵盖图书馆发展的方针、政策和战略。其中，各项业务工作的决策包括文献收集的品种和数量、分类法的选择、馆藏分配方案的选择、架位安排的方式、开架或闭架方式的选择等。人事方面的决策包括优化人员的知识结构、确定人员培训和更新的方式、制定奖罚制度等。财务和设备方面的决策包括预算的分配、设备和用品的选择等。

正确的决策来自正确的判断，而正确的判断来自深入调查和研究。深入调查和研究是在决策过程中避免错误和提高效率的关键步骤。对于管理者来说，做出任何决策，特别是目标性决策，都是困难的。然而，做出正确的选择只是第一步，更重要的是制订切实可行的、周密的计划，以实施所选择的方案，并在实施过程中不断收集和检查反馈信息，以评估和修正决策。

（二）计划职能

计划职能是图书馆管理过程中的关键环节，涉及预测未来、设定目标、制定决策和选择策略的连贯过程。这是图书馆所有活动的指导线索，因为所有方面的决策都需要通过计划来实现。计划职能的目标是确保每一个成员理解图书馆的总目标和近期目标，以及完成目标的方法、手段和途径。一个好的计划应具备一致性、连续性、明确性和灵活性。

计划在管理实践中占有特殊地位，因为它牵涉整个集体努力去完成的目标，所以管理者应该清楚需要什么样的组织结构和员工，如何领导员工，以及采用什么样的管理机制。图书馆计划主要包括国家图书馆事业发展计划和个体图书馆发展计划。

国家图书馆事业发展计划包括图书馆事业总体规划、图书馆网络发展计划、专业人员培训计划及科学研究与协调发展计划。这些计划涵盖图书馆发展的全局，平衡了各类型图书馆的建设和布局，规定了图书馆网络的组织形式及其结构，也包括各层次的教育形式，以及基础理论研究、重要科研项目、技术设备和服务手段、引进技术与大型协作计划等。

个体图书馆发展计划则包括长期计划与短期计划、全馆的整体发展规划与各局部的发展计划等。在制订图书馆计划时，首先需要确定图书馆的长期目标和近期目标，并将目标分解到各个职能部门、各个工作岗位。然后，设定前提条件，即实现计划的社会环境发展变动的假设条件。在可供选择的方案中，选择一个最可行的。最后，将计划转化为预算，计算在实施计划过程中图书馆的投入量。

计划由定额、指标、平衡表三部分组成。其中，定额是发展计划的基础，指标体现计划的内容和任务，平衡表是完成计划的基本手段和工具。国家图书馆事业发展计划是各分项计划的集合，一个馆的总体计划是该馆内各个部门计划的集合。在制订各项计划时，图书馆应明确各项计划的主要指标，突出重点，寻求最优的发展方案。

（三）组织职能

组织职能是图书馆管理中非常关键的一部分。组织可以作为一个名词，表示由两个或更多的人为了达成共同的目标而组成的集合；也可以作为一个动词，表示组织工作。这里的组织是管理的一个关键职能，即根据设定的目标和计划，对各项工作进行分类和组合，设计职位和岗位，形成完善的组织机构，明确各个岗位的职权和组织机构间的分工协作关系。这个过程包括指定职位、明确职责和协调工作，旨在以最有效的方式实现设定的目标。

决策的执行依赖人的合作，而组织就是为了满足人类对合作的需求而产生的。组织是管理职能发挥、管理目标实现和计划完成的保障。如果合作的人们想在实施决策的过程中产生比个体总和更大的力量和更高的效率，就应根据工作的需求和人员的特点，确定工作结构和分工，通过授权将适合的人员放在适当的岗位上，用规定明确各成员的职责和相互关系，形成一个有机的组织结构，使整个组织协调运行。

组织职能的基本逻辑包括以下几方面：明确总目标；制定必要的近期目标和工作计划；明确完成目标和计划所需的业务活动并进行适当分类；根据现有的人力、物力和环境，选择最优方法，对活动进行分组；

赋予各组负责人必要的权力；根据职权关系和信息流通方向，从纵向、横向两个方向将各组联系在一起。

组织工作也包括人事工作，也就是为组织的工作设置工作岗位并配备适合的员工。在图书馆管理系统中，必须有健全的组织机构、明确的工作岗位职责、确定的各级人员之间的关系，以使职责明确，有效实现管理过程中的各项决策和计划。

（四）控制职能

控制的本质是保证组织运行符合预设的目标，并使各项任务按计划完成，同时对各种偏差进行修正。其实，控制可以被理解为一种保证组织行为和预定计划一致的管理行动。尽管组织的活动是根据计划进行的，但实际上，由于组织内部和外部环境总在变化，组织的活动与计划之间必然会发生偏差，控制的任务就是找出实际工作和计划之间的差异，寻找偏差出现的原因，制定并执行纠偏措施，保证组织工作能按计划进行。控制不仅要评估现有的工作成果，还需要提供对工作发展趋势的认识和判断，从而为改进工作提供信息反馈。

控制的目标不是确保计划一成不变，而是确保组织运行更加高效，更能适应客观环境的发展变化。因此，控制工作也是对计划工作的一种检验。当实际情况要求计划变动时，控制活动将为重新制订计划提供信息。

管理者需要及时获取计划执行的信息，并将这些信息与计划进行比较，以发现实践中存在的问题，分析原因，并及时采取有效的纠偏措施。在组织的各个层级，控制都应受到重视。基层管理者需要对控制的时效性和定量化程度有更高的要求，而高层管理者则需要对控制的时效性和综合性有更高的要求。

控制的基本过程包括设定标准、对比标准并检查实施情况、找出问题并及时纠正。在计划执行过程中，管理者可以通过重新制订计划或调整目标、重新配置员工等措施进行纠偏。

控制职能是通过输入、中间转换、输出、反馈四个环节实现的。其中，输入包括物流输入和信息流输入；中间转换包括物流、信息流在图书馆各级系统中的实际运动过程；输出包括各种指标；反馈则是将输出信息反馈到输入端，与原来的物流、信息流进行比较，找出差异，分析原因，从而消除差异。反馈是控制中最重要的一环，管理者需要对反馈的信息进行真伪分析，以便对图书馆系统的各个工作环节进行有效控制，保证完成工作计划。

控制过程中需要注意以下几个问题：勿过度控制、及时工作和建立客观标准。过度控制会损害员工的自由度和自主权，因此应重视员工的利益并确保控制与员工绩效相关。控制必须及时，否则将丧失良好的时机，达不到控制的目的。控制标准应尽可能客观、公正、适度，并可衡量。

（五）协调职能

协调职能的目的是保证图书馆各项工作和服务能够和谐运作，避免出现冲突和断裂。协调可以从微观和宏观两个层面进行观察。

从微观层面，协调主要是确保图书馆内部的纵向和横向协调。纵向协调是要确保图书馆各层级结构和子系统之间的上下平衡。横向协调则是要确保图书馆系统各个层面之间能够协作，防止各个工作环节和部门之间的脱节或失调。

从宏观层面，协调是要确保图书馆与其内外部环境的协调，包括纵向和横向两个层面。从纵向层面，协调是指图书馆系统内部自上至下的协调；从横向层面，协调是指图书馆系统的方针、任务与其他图书馆系统的协调。例如，省级公共图书馆不仅需要和整个公共图书馆系统保持纵向协调，也要和高校图书馆系统、科学图书馆系统以及其他图书馆系统进行横向协调，以确保各个图书馆系统能紧密配合，均衡发展，最大化地发挥各类图书馆的功能，为广大读者提供服务。

图书馆的协调职能就是在统一的指挥和协调下，推动图书馆各部门和各项工作朝着和谐的方向发展，避免矛盾和脱节现象的出现，充分发挥图书馆系统的整体优势，保证计划的实现。对于图书馆而言，协调的主要任务是从系统角度出发，平衡各部门的人力、物力、财力，促进各工作环节的有机连接，解决部门与部门、人与人之间的矛盾，加强各级组织和各项工作的联系，消除工作中的不平衡现象，从而激发各部门和个人的积极性，并将他们的行为纳入图书馆的总体目标。因此，协调职能具有综合性、整体性，在图书馆管理中占据着重要地位。从某种程度上说，管理就是指挥，指挥就是协调，协调就是平衡。图书馆管理，就是对图书馆的人员、资金、物资等资源进行统一的平衡和协调。

三、图书馆管理的基本原理

所谓原理，是指某种客观事物的实质及其运动的基本规律。图书馆管理的原理是对图书馆管理工作进行仔细分析和探究之后形成的理论。在图书馆管理中，有几个原理是不容忽视的，具体分析如下。

（一）系统原理

系统原理是图书馆管理中的一个关键原理，因为图书馆本身就是一个复杂的系统，包含多个子系统，如读者服务系统、馆藏管理系统、工作人员管理系统等。系统原理强调各部分之间的相互作用和相互影响，强调由它们构成的整体的统一性和完整性。从系统的角度看，图书馆的各组成部分都是互相关联、互相影响的。系统原理要求图书馆管理者树立全局观念，看到每一个局部的决策和行动都会对整个系统产生影响。同时，图书馆的成功运行取决于各个部分之间的协调和整体效能的最大化，而非某一部分效能的最大化。因此，在图书馆管理中，管理者应该将图书馆看作一个整体，优化各个部分，以实现整体的最佳效果。

（二）动力原理

动力原理主要关注图书馆管理中的动力问题，即何为推动图书馆不断发展和进步的驱动力。这个原理认为，图书馆管理的最重要动力是读者需求和社会期待。因此，图书馆应始终关注并适应读者的需求变化，提供符合读者需求的服务，这样才能保持其存在的价值和意义。同时，图书馆也应积极响应社会期待，实现自身的社会价值。除此之外，图书馆内部员工的积极性和创新性也是图书馆发展的重要动力。因此，图书馆管理者应注重激发和提高员工的积极性和创新性，从而促进图书馆的发展。

（三）效益原理

效益原理主要关注图书馆的效益问题，即图书馆的各项活动是否能够产生预期的效益，包括经济效益、社会效益等。经济效益主要是指通过合理分配和使用图书馆资源，实现图书馆的经济效益最大化。社会效益主要是指通过提供优质的阅读服务，推动知识传播和文化传承，实现图书馆的社会价值。效益原理要求图书馆管理者在管理中始终以效益为导向，充分考虑各项决策和行动的效益，以实现图书馆的整体效益最大化。

第二节　数智技术赋能下智慧图书馆管理理念分析

一、集成管理理念

集成管理理念强调从系统的角度看图书馆，将各种要素融合在一起，形成一个优势互补的有机体。其核心目标是实现信息技术、信息资源、信息规范、人力资源等各种资源要素的全方位优化，从而提高管理活动的效果。

图书馆是一个复杂的信息服务系统，涉及众多的要素，如文献资源、服务设施、管理人员、读者群体、服务程序、政策规则等。在传统的管理模式下，这些要素往往是分散的、独立的，各自按照自己的规则和程序运作。这种分散、独立的状态容易导致资源的浪费、服务的断裂、效率的下降。相反，集成管理理念倡导这些要素通过主动地优化和选择，相互之间以最合理的结构形式结合在一起，形成一个由适宜要素组成的、优势互补的有机体。这样，可以实现资源的整合、服务的连贯、效率的提升。

集成管理理念在智慧图书馆中的应用，主要体现在以下几个方面。在信息技术方面，智慧图书馆将各种技术整合在一起，形成了一个统一的技术平台，实现了技术的统一、互通、互动。在信息资源方面，智慧图书馆将各种资源整合在一起，形成了一个统一的资源库，实现了资源的共享、利用、增值。在信息规范方面，智慧图书馆将各种规范整合在一起，形成了一个统一的规范体系，实现了规范的标准化、优化、灵活化。在人力资源方面，智慧图书馆将各种人才整合在一起，形成了一个统一的人才队伍，实现了人才的培养、流动、发展。

　　集成管理理念强调竞争基础上的互补，即各种要素通过竞争，不断寻找和选择自身的最优功能点，然后在此基础上进行互补和匹配。这意味着智慧图书馆要持一种开放的态度，能够接受不同的观点，鼓励内部竞争和创新，以寻找最佳的解决方案。同时，智慧图书馆要有一种协作精神，以实现各个要素的协同工作，共享资源和信息，共创价值。

二、数据驱动理念

　　在数智技术的支持下，数据驱动理念正在深刻地改变智慧图书馆的运营方式和服务模式。数据驱动理念源于数据科学，倡导利用大数据技术收集、处理和解析数据，以数据为基础做出科学的决策，最终优化和提升智慧图书馆的服务。

　　数据的全面收集是数据驱动理念的基础。智慧图书馆可以利用各种技术手段收集大量的数据，包括读者的使用行为数据、图书借阅数据、电子资源访问数据等。然而，数据收集只是第一步，更重要的是对数据进行深度分析和智能化应用。智慧图书馆利用数据分析技术，对收集到的数据进行深度挖掘和分析，可以发现存在其中的模式和规律。例如，通过对读者行为数据的分析，智慧图书馆可以发现读者的阅读兴趣、学习需求、使用习惯等，从而为其提供个性化服务；通过对资源利用数据的分析，智慧图书馆可以评估各种资源的利用效果，从而优化资源配置；通过对数据的整体分析，智慧图书馆可以预测图书馆未来的发展趋势，为策略规划和决策提供参考。

数据驱动理念的实现离不开大数据和人工智能技术的支持。大数据技术能够处理大量、多种类型的数据，进行高效的数据存储、处理和分析；人工智能技术，特别是机器学习技术，能够通过学习数据中的模式，实现数据的智能化分析和应用。例如，智慧图书馆可以利用机器学习算法对读者行为进行分析，据此为读者提供个性化推荐服务；可以利用深度学习算法进行图像和语音识别，从而提升服务的智能化水平。

在实施数据驱动理念时，智慧图书馆需要注意数据的质量和安全问题。数据的质量直接影响到数据分析的准确性和有效性，因此，智慧图书馆需要建立有效的数据质量管理机制，保证数据的完整性、准确性和一致性。数据安全直接关系到读者对智慧图书馆的信任，因此，智慧图书馆应建立健全数据安全防护机制，遵守相关的法律法规，确保数据安全。

三、持续创新理念

持续创新理念提倡图书馆以开放的心态面对新技术的挑战，以主动的姿态适应和引领读者需求的变化，以创新的精神推动图书馆服务和管理的进步。

在数智技术的影响下，图书馆的服务形式、服务内容和服务方式都发生了巨大的变化。面对这些变化，智慧图书馆不能满足于现状，不能束缚在传统的框架中，而需要增强持续创新的意识和能力。持续创新意味着智慧图书馆既要敢于尝试新事物，也要敢于打破传统的束缚，还要敢于挑战已有的规则。因此，创新不仅体现在技术上，更体现在理念上、模式上、文化上。

在持续创新理念的指导下，智慧图书馆应积极引入和利用新技术，提升服务质量和效率。例如，引入人工智能技术，提升信息服务能力，为读者提供个性化推荐、智能问答等服务；引入 VR 技术，为读者提供沉浸式的阅读体验和学习环境；引入自动化设备，优化物流服务，提升借阅的便利性和效率。这些新技术的引入和利用，可以让智慧图书馆提供更为丰富多元的服务，更好地满足读者的多样化需求。

在持续创新理念的指导下，智慧图书馆应灵活适应和引领读者需求的变化。在数智时代，读者的信息需求、学习需求、文化需求等都在发生变化，而且变化的速度越来越快。智慧图书馆要有敏锐的洞察力，及时捕捉这些变化，主动调整和优化服务策略，适应这些需求变化。与此同时，智慧图书馆要有前瞻性视野，通过预测未来的变化，引领新的需求和趋势，成为读者学习、研究、娱乐的首选场所。

在持续创新理念的指导下，智慧图书馆应建立创新的组织文化和机制。这种文化要鼓励馆员积极思考，勇于尝试，乐于分享，以实现智慧图书馆的创新发展。同时，这种机制要为激励和引导馆员的创新行为提供必要的支持和保障，如提供创新资源、设立创新平台、评价创新成果。

持续创新理念对智慧图书馆的发展具有重要的指导价值。它提醒馆员在数智时代要有勇气和智慧去迎接变化，去追求创新，去实现转型。只有这样，智慧图书馆才能始终保持活力和魅力，才能在服务社会、服务读者、服务知识的过程中，实现自身的价值和使命。

四、大图书馆理念

大图书馆理念是对图书馆未来发展的一种宏观设想和展望，它的出现是对图书馆网络化发展的回应和进一步推动。

在大图书馆的框架内，各图书馆之间的界限被打破，相互之间共享资源，互相学习和借鉴，形成一个全球的图书馆生态系统。这样，不论读者身处何处，都能够访问到全球范围内的图书馆资源和服务，实现真正的跨时空、跨国界的信息获取和学习。

大图书馆理念的实现需要信息技术作支撑，通过数字化和网络化，实现图书馆资源的全球共享、服务的无界提供、管理的集成优化。在数字化方面，图书馆需要将所有的文献资源转化为数字形式，以便于存储、检索和利用。在网络化方面，图书馆需要建立和完善自己的网络平台，并与全球的图书馆网络平台进行对接，实现资源和服务的在线提供。在管理上，图书馆需要采用先进的信息化管理系统，实现管理的智能化、自动化。

大图书馆理念强调图书馆的社会性和公共性。作为公共文化服务机构，图书馆有责任和义务为社会公众提供高质量的信息服务，满足公众的知识需求，促进他们的终身学习。因此，大图书馆理念不仅仅是一种技术理念，也是一种服务理念，更是一种公共精神和社会责任的体现。

为贯彻落实大图书馆理念，智慧图书馆需要主动拥抱创新行动，对自己的定位和使命进行反思，积极应对信息化时代的挑战，不断改革创新，优化服务，提升影响力；也需要加强国际交流与合作，积极参与全球的图书馆网络，共享资源，共创未来。

第三节　数智技术赋能下智慧图书馆管理体系建设思路

数智技术的融入对促进智慧图书馆管理体系的建设发挥着至关重要的作用。具体而言，可以从行政管理、知识管理和安全管理三个方面进行探索，如图 6-1 所示。

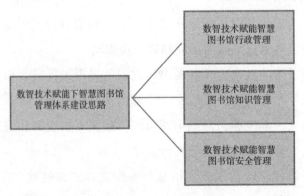

图 6-1　数智技术赋能下智慧图书馆管理体系建设思路

一、数智技术赋能智慧图书馆行政管理

（一）智慧图书馆行政管理的概念

智慧图书馆行政管理是指在智能化和数字化的环境下，运用现代管理理论和方法，对图书馆的人力、财力、物力、时间等资源进行有效管理的过程。这个过程包括计划、组织、决策、控制、协调等多种行为，旨在实现对图书馆资源的合理利用，完成图书馆工作最终要求达到的目的。在智慧图书馆行政管理中，除了传统的图书馆行政管理工作外，还包括信息技术的应用、数据分析、读者体验优化等新的工作内容。此外，智慧图书馆行政管理也承担着促进智慧图书馆建设和发展的任务，从而保证为读者提供优质的服务。

（二）数智技术对智慧图书馆行政管理的具体赋能

由前面的概念界定可知，智慧图书馆行政管理包括的范围很广，但主要涉及人力资源管理、财务管理、对外事务管理、后勤管理四个方面。数智技术对智慧图书馆行政管理的具体赋能也主要从这四个方面进行分析。

1. 赋能人力资源管理

数智技术可以极大优化智慧图书馆人力资源管理效率。例如，通过运用人工智能技术，智慧图书馆可以进行精确的人力需求预测，合理分配工作人员的工作任务，从而提高工作效率。人力资源管理系统可以实时监控员工的工作状态，为员工提供个性化的职业发展建议及公平、公正的评估和激励机制。通过运用大数据技术，智慧图书馆可以帮助管理者了解员工的需求和满意度，制定出更符合员工需求的人力资源政策。在招聘和选拔过程中，数智技术也能帮助智慧图书馆找到最适合的人才。

2. 赋能财务管理

在财务管理方面，数智技术能提供准确、及时的财务数据分析，帮助智慧图书馆做出更科学的财务决策。智能化的财务系统可以自动跟踪和分析财务数据，提供详细的收入、支出、资产、负债等财务报告，帮

助智慧图书馆合理规划预算，合理分配资源。此外，区块链技术可以提高财务交易的透明度和安全性，降低智慧图书馆的财务风险。

3.赋能对外事务管理

在对外事务管理方面，数智技术可以提供强大的信息处理能力，帮助智慧图书馆更好地处理与外部组织的交互。例如，智能化的客户关系管理系统可以帮助智慧图书馆更好地管理与读者、供应商、合作伙伴的关系，提升服务质量；数据分析可以帮助智慧图书馆了解外部环境的变化，做出及时的策略调整。此外，数智技术还可以帮助智慧图书馆提升公共关系管理水平，提高智慧图书馆的形象和影响力。

4.赋能后勤管理

在后勤管理方面，数智技术能够实现智慧图书馆后勤管理的自动化和智能化。例如，智能化的库存管理系统可以自动跟踪和管理图书的存储和流动，大大提高库存管理的效率。物联网技术可以实现图书馆设施的智能化管理，如自动调整照明、空调等的运行状态，提高能源利用效率。不仅如此，智能化的后勤服务系统还可以提供便捷的设施保修、设施租借等服务，提高智慧图书馆的服务质量。

二、数智技术赋能智慧图书馆知识管理

（一）智慧图书馆知识管理的概念

智慧图书馆知识管理是指在智慧图书馆环境中对知识资源进行搜集、整理、加工、存储和利用的过程。这是广义上的知识管理，即不仅对知识本身进行管理，还对与知识相关的各种资源和无形资产进行管理。智慧图书馆知识管理的概念强调了以下几个关键方面。

1.知识资源管理

智慧图书馆知识管理涉及对显性知识（如书籍、期刊、数据库等）和隐性知识（如专家经验、读者反馈等）的搜集、整理、加工和存储，包括构建和维护数字化资源库、知识图谱以及其他的知识管理系统，以便读者可以方便地访问和利用这些知识资源。

2.资源和无形资产管理

智慧图书馆知识管理还包括对与知识有关的各种资源和无形资产的管理，包括管理图书馆的物理设施和技术设备，如数字图书馆系统、信息检索系统等，以及知识产权、版权和许可等相关法律事务。

3.知识组织与分类

智慧图书馆知识管理涉及对知识的组织、分类和标引，包括制定和应用标准化的分类体系和元数据，以便有效地组织和检索知识资源。知识组织还可以包括知识地图的创建和维护，以展示知识之间的关联和结构。

4.知识活动与人员管理

智慧图书馆知识管理也涉及对知识活动的管理，如开展培训和教育活动、研讨会和研究合作等，以促进知识的共享和创新。与此同时，智慧图书馆知识管理还涉及对知识人员的管理，如招聘、培训和绩效评估，以确保智慧图书馆具有高素质的知识管理团队。

综上所述，智慧图书馆知识管理的目标是最大限度地利用知识资源，提高智慧图书馆的服务竞争能力。

（二）数智技术对智慧图书馆知识管理的具体赋能

从前面的论述可知，智慧图书馆知识管理涵盖的内容非常广泛。在此，针对数智技术对智慧图书馆知识管理具体赋能的分析，笔者认为可以从图书馆知识生成管理、图书馆知识积累管理、图书馆知识交流管理、图书馆知识应用管理四个方面着手。

1.图书馆知识生成管理

数智技术在图书馆知识生成管理中的应用体现在多个方面。首先，基于机器学习的算法可以帮助图书馆处理大量复杂的数据，从而大大提高图书馆知识资源的生成速度。例如，文本挖掘技术可以自动从网络和电子资源中提取有用的信息，并将其转化为图书馆的知识资源。其次，人工智能技术可以在图书馆知识生成的过程中提供预测和推荐服务，这有助于图书馆提前了解读者的需求。最后，大数据技术有助于图书馆对知识资源进行有效分类和整合，使知识资源更容易被检索和利用。

2. 图书馆知识积累管理

数智技术在图书馆知识积累管理中发挥了关键作用。通过分析海量的数据，图书馆可以发现知识之间的联系和规律，形成结构化的知识体系。除此之外，通过使用基于云计算的存储解决方案，图书馆可以实现对大量知识资源的存储和管理，同时保证数据的安全性和稳定性。在这个过程中，智能化的知识管理系统可以实时监控知识资源的状态，并进行必要的维护和更新。

3. 图书馆知识交流管理

数智技术在图书馆知识交流管理中同样起着非常重要的作用。基于人工智能的自然语言处理技术可以理解和生成人类的语言，从而智能化设备能够更好地与读者进行交流。例如，可以使用机器人助手为读者提供实时的问答服务，帮助读者解决一些常规问题，如图书馆的开放时间等。基于社交网络的大数据技术可以帮助图书馆了解读者的需求和反馈，从而为读者提供更加贴心的服务。

4. 图书馆知识应用管理

数智技术在图书馆知识应用管理中的应用广泛且深入。例如，借助机器学习和人工智能技术，图书馆可以根据读者的阅读习惯和偏好提供个性化推荐服务，提高知识资源的利用效率。利用大数据技术，图书馆可以跟踪和评估知识资源的使用效率，从而为决策提供数据支持。除此之外，基于区块链的知识权利管理技术，可以保护作者的版权，鼓励更多的知识创造和分享。总的来说，数智技术的应用使得图书馆的知识应用管理变得更加智能化，大大提高了知识资源生产、积累、交流和应用的效率。

三、数智技术赋能智慧图书馆安全管理

（一）智慧图书馆安全管理的概念

智慧图书馆安全管理是指在智慧图书馆环境中，通过一系列的策略、规章和措施，保护图书馆的资源、设施、服务以及读者信息的安

全。该概念涵盖以下多个方面。

1.物理安全管理

物理安全管理主要针对图书馆的物理设施和资源，如建筑物、设备、书籍等，包括防火、防盗、防灾等，目的是保证图书馆的正常运行和读者的安全。例如，利用监控设备监测图书馆的安全状况，设置消防设备，并进行定期的设施维护和检查等。

2.信息安全管理

信息安全管理关注图书馆中的电子资源和数据的安全，包括保护电子书籍、数据库、网站以及其他电子信息不受到病毒、黑客的攻击或者其他形式的恶意侵害。同时，也包括确保信息的完整性，防止数据的丢失或者损坏。

3.网络安全管理

网络安全管理是信息安全管理的一部分，主要关注图书馆的网络设施和服务的安全，包括防止网络攻击、保护网络设施不遭受恶意软件的侵害、保护读者在使用图书馆网络服务时的安全。因此，智慧图书馆需要定期更新和维护网络设备和软件，实施网络安全策略等。

4.读者隐私保护

读者隐私保护主要关注读者的个人信息，如读者的身份信息、借阅记录、在线行为等不被泄露。智慧图书馆需要遵守相关的隐私保护法律和规定，实施隐私保护措施，如加密技术、访问控制等，来保护读者的隐私不受侵害。

5.应急和事故处理

应急和事故处理主要关注图书馆在面临突发事件或者安全事故时的应对措施。智慧图书馆需要制订应急计划，包括数据备份、灾难恢复、应急训练等，以应对各种可能的安全事件。同时，事故处理也包括事后的调查和改善，以防止类似事件的再次发生。

（二）数智技术对智慧图书馆安全管理的具体赋能

由上述内容可知，智慧图书馆安全管理涉及的内容主要有物理安全管理、信息安全管理、网络安全管理、读者隐私管理、应急和事故处理。数智技术对智慧图书馆安全管理的具体赋能也主要从这五个方面进行分析。

1.对物理安全管理的赋能

数智技术在智慧图书馆物理安全管理中发挥了关键作用。通过运用最新的物联网技术，智慧图书馆可以追踪和监控图书和其他物理资产的位置，防止盗窃和遗失。例如，利用 RFID 标签既可以监视图书的流动，也可以迅速识别图书的位置，这不仅能降低图书被盗的可能，还能大大提高图书的查找和借阅效率。此外，智能视频监控系统也可以提供安全保障，如通过人工智能技术进行面部识别或异常行为检测，来识别潜在的威胁，当出现异常情况时，该系统会自动发出警报，有利于工作人员及时处理问题。

2.对信息安全管理的赋能

智慧图书馆拥有大量的读者信息和知识产权资源，因此信息安全至关重要。运用加密技术和权限控制，可以确保读者个人信息和馆内资料的安全。具体来讲，对于电子资源的存储和传输，可以通过加密技术防止数据在传输过程中被截取或被篡改。采用区块链技术可以有效地保护知识产权。区块链技术的分布式特性，使得电子资源不容易被篡改，且能准确地追踪资源的使用和分发情况，保护作者和出版者的权益。

3.对网络安全管理的赋能

智慧图书馆是一个复杂的网络生态系统，其中包含大量的读者数据、知识资源和服务功能。在这样的环境中，网络安全就显得尤为重要，而数智技术可以提供全面的保护措施，以防止黑客攻击、数据泄露和其他形式的网络威胁。

机器学习技术能够从大量的数据中提取有价值的信息，并生成对网络行为的精准模型，实时监测并预测潜在的网络攻击。而且，机器学习技术和大数据结合还能对网络风险进行精准评估，为智慧图书馆管理人员制定更有效的网络安全策略提供依据。

在数据传输的安全性上，智慧图书馆可以应用HTTPS、SSL、TLS等先进的加密技术，防止数据在传输过程中被截获或被篡改。与此同时，双因素或多因素认证技术的应用，为读者访问智慧图书馆系统提供了更为严密的保护。

对于内部网络，智慧图书馆则可以实施严格的权限管理和访问控制。这一策略的实施，能有效防止内部人员滥用权限，以及未经授权的访问行为，最大限度防止数据泄露或系统损坏的发生。

4.对读者隐私管理的赋能

对于智慧图书馆来说，读者隐私保护无疑是一个极其重要的问题。随着大数据和人工智能技术的快速发展，智慧图书馆有能力收集和处理大量的读者个人信息，但这同时带来了读者隐私保护的问题。

数智技术为此问题提供了解决方案。通过实施数据匿名化和去识别化的处理，可以在保护读者个人身份信息的同时，进行数据分析和服务优化。这种方式在最大程度上保护了读者的隐私，同时不影响智慧图书馆利用数据进行服务优化。除此之外，区块链技术的应用，赋予了读者对自己数据的更大控制权，如读者可以自主管理自己的数据，决定哪些数据可以被图书馆使用，这样便可以保护自己的隐私权。

5.对应急和事故处理的赋能

任何系统都有可能发生故障，智慧图书馆也不例外，而数智技术可以在这方面提供强大的支持，帮助智慧图书馆及时应对和处理各种故障。

数据分析和机器学习技术可以帮助智慧图书馆预测可能发生的事故。具体来讲，通过分析过去的系统故障记录，机器学习技术可以预测未来可能出现的故障，由此，工作人员可以提前制定应对措施。

当事故发生后，数据备份和恢复系统可以迅速将智慧图书馆的服务恢复正常，这能够大大减小故障对智慧图书馆服务的影响，确保读者可以尽快重新获取智慧图书馆服务。

在更为紧急的情况下，如发生火灾、网络入侵等，智能监控和报警系统能够实时发送警报，为工作人员和相关部门采取措施争取了时间，能最大限度地减少损失。

第四节　数智技术在智慧图书馆管理中的具体应用

前面论述了多种数智技术，在本节中，笔者将以数据挖掘技术为例，针对读者管理，论述两种基于读者借阅信息的数据挖掘技术在智慧图书馆管理中的具体应用。

一、基于读者借阅信息的聚类挖掘技术

（一）基于读者借阅信息的聚类挖掘过程

1.数据收集和预处理

智慧图书馆读者管理的基础是它丰富且多样化的数据来源，这些数据包含许多关于读者和书籍的重要信息，如读者的年龄、性别、职业以及他们借阅的书籍类型、借阅时间等。然而，原始数据往往是庞大且杂乱的，必须经过预处理才能用于后续的数据分析。

数据预处理是一项至关重要的任务，因为它涉及数据的质量和适用性。预处理首先要进行数据清洗，检查并处理异常值、重复数据和缺失值。例如，对于错误的借阅时间或不完整的读者信息，需要进行纠正或删除；对于缺失的数据，则需要通过插值或者使用其他具有代表性的数据进行填充。

清洗过的数据需要进行格式转换，以使非结构化的数据能够以一种易于处理和分析的格式呈现。例如，将文字信息转化为数值信息，或者将连续的年龄数据划分为若干年龄段。

最后一步是数据规范化，通过这一步，可以消除数据的单位或尺度差异，从而保证各个属性在后续的数据挖掘过程中具有等价的重要性。例如，年龄和借阅数量这两个属性的取值范围差别较大，需要通过

归一化或标准化等方法进行处理，以保证它们在聚类分析中有相等的影响力。

2.数据聚类

数据预处理完成后，便得到了清洗过的高质量数据，接下来则是进行数据聚类。聚类是数据挖掘中的一种重要技术，它的目标是将数据集划分为多个群组或簇，并使同一簇内的数据间具有高度的相似性，不同簇的数据间则存在明显的差异性。

在进行聚类时，常用的算法有 K-means、DBSCAN、谱聚类等。这些算法都有各自的优点和缺点，选择哪种算法取决于数据的特性和实际需求。对于每种聚类算法，都需要设定一些参数。例如，在 K-means 算法中，需要设定簇的数量，这个参数的设定需要根据数据的特性以及分析目标来决定。

3.聚类结果分析

数据聚类完成后，需要对得到的结果进行解释。每一个簇代表了一类具有相似借阅行为的读者，因此可以通过深入探索每一个簇中数据的特性，了解这类读者的借阅习惯和兴趣偏好，如他们倾向于借阅哪种类型的书籍，或者更倾向于在哪个时间段进行借阅等。

此外，也需要评估聚类的效果，以此来验证聚类是否有效，是否达到了预期。这通常可以通过一些评价指标来实现，如轮廓系数和 Davies-Bouldin 指数等，这些指标可以衡量同一簇内数据的相似性以及不同簇间数据的差异性，从而评估聚类结果的质量和效果。

（二）基于读者借阅信息的聚类挖掘技术应用

1.针对不同类别读者的个性化服务

数据聚类的结果是清晰地划分出不同类型的读者群体，这些读者群体可能因为年龄、性别、职业、兴趣等因素而有着不同的阅读习惯和需求。针对不同类别的读者，智慧图书馆可以设计和提供个性化的服务，以满足他们的特殊需求，提高他们的满意度和忠诚度。例如，对于经常借阅科幻类书籍的读者，智慧图书馆可以定期向他们推送最新上架的科幻书籍，或者举办一些科幻主题的活动；对于经常在晚上借书的读者，智慧图书馆可以提供夜间借阅的优惠政策。

此外，个性化服务也可以帮助读者更有效地利用智慧图书馆的资源。例如，智慧图书馆可以根据读者的借阅历史和兴趣推荐他们可能感兴趣的书籍，这不仅可以节省读者寻找书籍的时间，也可以提高图书的流通率。

2.优化图书馆资源配置

聚类分析也可以帮助智慧图书馆更好地配置和管理其资源。通过分析不同类别读者的借阅习惯，智慧图书馆可以了解哪些书籍或者哪种类型的书籍更受欢迎，哪些书籍或者哪种类型的书籍相对冷门。这样，图书馆可以更科学地进行图书采购，优先购买和增购热门书籍。

智慧图书馆也可以根据读者的借阅时间和地点等信息，优化馆内空间和服务布局。例如，如果某个区域的书籍经常在晚上被借出，那么可以在这个区域安装更多的照明设施；如果某类书籍的借阅率很高，那么可以将这类书籍放置在更显眼或者更容易获取的位置上。

3.其他可能的应用

数据聚类在智慧图书馆中还有其他可能的应用。例如，通过对读者借阅行为的分析，可以预测他们未来的借阅趋势，从而更好地规划图书馆的发展；通过聚类分析发现读者的共同兴趣，然后基于这些共同兴趣建立读者社区，促进读者之间的交流和互动。

二、基于读者借阅信息的关联规则技术

（一）基于读者借阅信息的关联规则挖掘过程

1.数据收集和预处理

关联规则挖掘是一种强大的数据挖掘技术，可以发现数据项之间的有趣关系。在图书馆的场景中，可以通过关联规则挖掘读者的借阅行为之间的关联，如哪些书籍经常一起被借出，或者在哪个时间段借阅某类书籍的可能性更高等。

进行关联规则挖掘的第一步是数据收集和预处理。智慧图书馆需要

收集所有相关的借阅记录，包括读者的信息、借阅书籍的信息及借阅时间等。然后，对数据进行预处理，包括对数据进行清洗，处理异常值、重复数据和缺失值，以使数据的质量满足挖掘需求。

数据预处理的下一步是进行数据转化。在关联规则挖掘中，数据通常需要转化为事务数据集的形式，即每一条借阅记录可以被看作一个事务，这样，可以通过分析事务数据集，找出频繁出现在一起的项目，即频繁项集。

2.关联规则挖掘

关联规则挖掘的目标是找出频繁项集，并基于频繁项集生成有趣的关联规则，这通常需要设定两个参数，即支持度和置信度。支持度表示一个项集在所有事务中出现的频率，而置信度则表示一个关联规则成立的可能性。

关联规则挖掘的常用算法有 Apriori 算法、FP-Growth 算法等。这些算法都基于一个基本的理念，即如果一个项集是频繁的，那么它的所有子集也必定是频繁的。这个理念可以大大减少搜索的空间，提高挖掘的效率。

3.关联规则结果分析

关联规则挖掘完成后，需要对得到的结果进行理解和分析。每条关联规则表示一种项之间的关联关系，如借阅科幻类书籍的读者也倾向于借阅奇幻类书籍。这些规则可以帮助智慧图书馆深入了解读者的借阅行为及他们的阅读习惯和喜好。

同样，也需要评估关联规则的质量和实用性，选择那些对智慧图书馆管理有实际意义的规则。例如，可以通过提升度等指标评估规则的有趣性，通过支持度和置信度评估规则的可靠性，通过覆盖度评估规则的广泛性。此外，还可以通过专家审查和实验验证等方式进一步确认和优化关联规则。

（二）基于读者借阅信息的关联规则技术应用

虽然聚类挖掘和关联规则两种技术存在差异，但都属于数据挖掘技术的范畴，其应用的范围和内容也相同。前面已经针对基于读者借阅信息的聚类挖掘技术的应用做了论述，在此便不再赘述。

第七章　智慧图书馆建设的人才支撑：
馆员队伍建设

第一节　智慧图书馆馆员的主要任务及作用

一、智慧图书馆馆员的主要任务

智慧图书馆馆员的主要任务已经不再局限于传统的图书管理，而是涉及更多复杂的技术和服务导向的任务。

（一）数据管理和分析

数据管理和分析为智慧图书馆馆员的一项关键任务。面对大量的数据，包括馆藏数据、读者数据、使用数据等，馆员需要具备数据管理的专业技能，以保证这些数据的准确性、完整性和安全性。

首先，馆员需要了解数据管理的基本环节，包括数据的收集、存储、保护、备份、恢复等。馆员还需要能够有效地处理各种类型的数据，如结构化数据、半结构化数据和非结构化数据，并掌握各种数据管理工具和平台的使用方法。

其次，馆员需要具备数据分析能力。通过数据分析，馆员可以从大量的数据中获取有价值的信息，了解读者的行为模式，发现图书馆服务存在的问题和改进的方法。这需要馆员掌握基本的数据分析方法，如统计分析、数据挖掘、预测分析等，并能够使用相关的数据分析工具和软件。

数据管理和分析与图书馆的策略或决策密切相关。通过数据分析，馆员可以获取有价值的信息，从而做出更加科学、合理的决策。例如，通过分析馆藏数据，馆员可以了解哪些图书的借阅率高，哪些图书的借阅率低，从而更好地安排图书的采购；通过分析读者数据，馆员可以了解读者的需求和满意度，从而改进图书馆的服务。

（二）信息技术支持

信息技术已经渗透到智慧图书馆的各个领域，包括馆藏管理、读者服务、信息检索、知识组织等。因此，馆员需要具备一定的信息技术知识和技能，以维护和支持图书馆的技术设备和系统。

信息技术支持的主要任务包括系统运维、故障处理、软硬件升级等。例如，馆员需要定期检查和维护图书馆的计算机系统、网络设备、数字馆藏平台等，确保它们的稳定运行；当读者在使用过程中遇到技术问题时，馆员需要及时提供技术支持，帮助读者解决问题；当图书馆需要更新或替换技术设备和系统时，馆员需要协助进行硬件或软件的安装、配置和测试。

信息技术支持不仅需要馆员具备基本的 IT 技能，如计算机操作、网络管理、数据库管理等，也需要馆员具备一定的问题解决能力和沟通能力。例如，当读者遇到技术问题时，馆员需要能够准确理解读者的问题，迅速找到出现问题的原因，并提供有效的解决方案；馆员还需要能够用易于理解的语言向读者解释技术问题和解决方法，以提高读者的满意度。

随着新技术的不断发展，信息技术也在不断更新和进步。因此，馆员需要持续学习和更新自己的知识和技能，以适应技术的变化和发展。

（三）知识服务

在智慧图书馆环境中，馆员提供的知识服务不仅包括传统的信息检索和文献服务，还包括知识咨询、知识创新、知识分享等服务。这些服务需要馆员具有深厚的专业知识，了解最新的研究动态，能够帮助读者找到他们需要的信息和知识。

在信息检索服务中，馆员需要了解各种类型的信息资源，如图书、期刊、数据库、网站等，掌握高效的检索策略和技巧，能够快速准确地找到读者需要的信息。馆员还需要引导和教育读者，帮助他们提高信息检索能力，使他们能够独立进行有效的信息检索。

在文献服务中，馆员需要了解各种类型的文献，如学术论文、报告、专著等，更好地满足读者学习、研究、工作的需要。馆员还需要提供文献的评价、管理、利用等服务，帮助读者更好地使用和管理他们的文献资源。

在知识咨询服务中，馆员需要帮助读者解答他们在学习、研究、工作中遇到的各种问题。这需要馆员具有广泛的知识背景，熟悉各种咨询方法和工具，能够提供及时、准确、个性化的咨询服务。

除此之外，馆员还需要参与知识的创新和分享，推动智慧图书馆知识管理和知识服务的发展。例如，馆员可以通过组织各种活动，如讲座、研讨会、读书会等，推动知识的交流和分享。馆员还可以通过研究新的知识服务方法和技术，提高智慧图书馆的知识服务质量和效率。

（四）读者培训

读者培训是智慧图书馆馆员的重要任务之一。随着技术、设施更新速度的加快，读者可能会在使用过程中遇到各种问题，因此馆员需要组织必要的培训，帮助读者了解和掌握这些技术和设备的使用方法。

读者培训可以涵盖各种主题，包括基本的计算机技能、信息检索技能、数字资源的使用、数据管理和分析技能等。这些培训可以通过一对一的指导、小组讲座、在线教程等多种方式进行。例如，馆员可以定期组织信息检索训练课程，教授读者如何有效使用图书馆的检索系统，如何构建有效的搜索策略，如何使用和评估找到的信息等。通过这些训练，读者可以更好地利用馆藏资源，提高他们的学习和研究效率。

在数字资源的使用培训中，馆员可以介绍各种电子图书、数据库、在线期刊等资源的特点和使用方法，帮助读者更好地利用这些资源。馆员还可以教授读者如何管理和保护他们的数字信息，如何遵守版权规定，如何防止网络安全风险等。

在数据管理和分析技能培训中，馆员可以教授读者如何收集、管理、分析和分享数据，如何使用数据分析工具，如何理解和利用数据分析的结果等。这对促进读者的数据素养、提高读者的决策能力具有重要意义。

（五）社会参与和公众教育

智慧图书馆不仅是知识的仓库，也是社区的中心和学习的平台。因此，馆员在社会参与和公众教育方面扮演着重要的角色。

社会参与是指智慧图书馆积极参与社区的活动，与社区的其他组织和机构建立合作关系，共同解决社区的问题，满足社区的需求。例如，智慧图书馆可以与学校、社区中心、非政府组织等合作，为它们提供各种活动，如读书会、讲座、工作坊、展览等。通过这些活动，智慧图书馆可以提升其在社区中的影响力，增强其与社区的联系，为社区提供更好的服务。

公众教育是指智慧图书馆通过讲座、研讨会、工作坊、在线课程等各种方式，提供公开的教育活动，目的是丰富公众的知识，提高公众的技能，满足公众的学习需求。这些活动可以涵盖各种主题，如文学、历史、科学、艺术、信息技术、信息素养等。通过这些活动，智慧图书馆可以推广知识，促进学习，提高公众的知识素养。

为更好地开展社会参与和公众教育，馆员需要具备良好的组织能力、沟通能力和教学能力；需要能够策划和组织各种活动，吸引和引导公众参与；需要能够与社区等其他组织和机构建立良好的合作关系；需要能够用易于理解的语言和方法，向公众传授知识和技能。

（六）网络安全管理

网络安全管理是智慧图书馆馆员的一项重要任务。随着智慧图书馆服务越来越依赖网络，馆员需要了解和保障网络安全，以保护智慧图书馆的系统和读者信息免遭网络攻击和泄露之险。

网络安全管理涵盖多个方面，包括系统安全、数据安全、网络访问控制、读者身份验证等。馆员需要了解各种网络安全风险，如病毒、恶意软件和黑客攻击、数据泄露等，并采取有效的安全措施，预防这些风险的发生。

在系统安全管理中，馆员需要确保智慧图书馆的所有系统，如检索系统、数据库系统、网络系统等，都安装了最新的安全更新和补丁，并定期进行安全检查和维护，及时修复安全漏洞。

在数据安全管理中，馆员需要保护智慧图书馆的所有数据，包括馆藏数据、读者数据、使用数据等，免受未经授权的访问、修改、删除等。这需要馆员使用有效的数据加密技术，设置合理的数据访问权限，定期备份数据，以防数据丢失。

在网络访问控制和读者身份验证中，馆员需要使用有效的访问控制和身份验证技术，如密码、数字证书、生物特征等，防止未经授权的访问，以保护读者的隐私和信息安全。馆员还需要提供网络安全培训，教授读者如何应对网络安全风险，如何保护他们的个人信息和数据等。

以上六项任务是智慧图书馆馆员在现代环境下的主要任务，完成这六项任务需要馆员具备高级的专业知识和技能，以适应现代信息技术的发展，并满足读者多元化、个性化的需求，从而提供高质量的服务。

二、智慧图书馆馆员的作用

（一）咨询作用

智慧图书馆馆员发挥的咨询作用比以往任何时候都更为重要。他们不仅是传统意义上的信息管理员，更是信息专家和信息指导者，他们需要帮助读者充分利用现有资源，解答读者在信息检索和使用过程中遇到的问题。

在信息爆炸时代，有效信息资源的获取变得日益复杂。虽然互联网为人们提供了大量的信息，但这些信息往往是混乱的，甚至存在大量的误导性信息。在这种情况下，馆员的咨询作用尤为重要。他们需要利用自身的专业知识和技能，指导读者如何从大量的信息中筛选出真实、准确、有价值的信息，教授他们如何有效地使用智慧图书馆的数据库和电子资源，解答他们在信息检索过程中遇到的技术问题。他们也需要为读者提供个性化的研究支持服务，如一对一的参考咨询，以帮助读者更好地完成学术研究和课程作业。他们还需要通过组织各种信息素养教育活动，如信息检索讲座、数据库使用培训等，向读者普及信息素养的重要性，教授读者如何识别、使用和评价信息，帮助读者提高信息素养和信息处理能力，保证他们能在面对复杂的信息环境时自主、有效地获取和利用信息。

智慧图书馆馆员的咨询作用并不限于个体读者，他们也为教师、研究员的教学和研究工作提供信息支持，如帮助教师设计信息素养教育课程，提供课程相关的信息资源，参与教学研究项目；帮助研究员获取和管理研究数据等。

（二）策划作用

智慧图书馆馆员作为活动策划者，主要负责策划各种读者活动和服务项目，以吸引更多的读者使用智慧图书馆的资源和服务，同时增加智慧图书馆在社区和学术界的影响力。馆员的策划工作涉及各种形式的活动，包括主题讲座、读书会、书展、研讨会、工作坊、图书馆开放日等。

馆员在策划活动时，需要充分考虑读者的需求和兴趣，因此馆员需要深入了解学生、教师、研究员、社区成员等不同类型读者群体的需求和兴趣，然后根据这些信息设计和策划相应的活动。具体来讲，馆员可以根据学生的学习需求，策划信息素养讲座和数据库使用培训活动；也可以根据社区成员的兴趣，策划各种主题的读书会和书展。

馆员在策划活动时，也需要充分考虑智慧图书馆的资源和能力，如他们需要评估智慧图书馆的设施设备、人力和经费等是否足以支持这些活动，以及如何最有效地利用这些资源来策划活动。他们还需要考虑活动的可行性和效果。具体来讲，他们可以通过收集和分析活动参与者的反馈，来评估活动的效果和影响，从而优化下次活动的策划。

策划活动的目标不仅是吸引更多的读者使用智慧图书馆的资源和服务，更是为读者提供一个学习和交流的平台，促进他们之间的交流和合作，提高他们学习和研究的效率，以及促进知识的共享和创新。

（三）评估作用

智慧图书馆馆员的评估作用至关重要。他们需要定期评估智慧图书馆的服务质量和资源使用情况，及时调整服务和资源配置策略；还需要了解读者的需求以及这些需求如何随着时间的推移而变化，以确保智慧图书馆的服务和资源始终满足读者的期望。

评估工作涉及数据收集、分析和解释，其中包括对智慧图书馆纸质资源和数字资源的使用情况进行跟踪、评估特定服务的成功与否，以及调查读者满意度。通过定期对这些信息进行审查，馆员可以发现哪些服务和资源更受欢迎，哪些需要改进，以及是否存在新的机会或需要。这样的信息不仅有助于馆员改进智慧图书馆服务，也有助于向利益相关者，如资助者或管理机构，证明智慧图书馆的价值和影响力。

评估工作有助于馆员了解读者是如何与智慧图书馆互动的，包括读者如何使用智慧图书馆的物理和数字空间，以及如何利用智慧图书馆资源来满足自身的信息需求。例如，馆员可以通过收集和分析智慧图书馆网站和数据库的数据使用情况，了解读者在信息检索和使用过程中的行为和需求；他们还可以通过问卷调查、访谈和观察等方式，收集读者对智慧图书馆服务的反馈和建议，进一步了解读者的满意度和需求变化。

此外，评估工作也包括对智慧图书馆自身的评估，如智慧图书馆的运营效率、财务状况、人力资源等。这种内部评估有助于馆员更好地管理智慧图书馆，提高服务质量和效率。例如，他们可以通过评估智慧图书馆的人力资源配置情况，决定是否需要更多的人力来支持某项服务，或者是否需要进行员工培训以提高服务质量。

（四）联络作用

智慧图书馆馆员的联络作用主要指他们在智慧图书馆与外部组织（如其他图书馆、学校、出版社等）之间起到的联络作用。这种联络作用的目的是建立和维护智慧图书馆与这些组织的合作关系，推动资源共享，提高服务效率。

首先，馆员的联络作用体现在与其他图书馆的合作上。在全球化背景下，单一的图书馆往往无法满足读者日益多样化的信息需求，因此，图书馆间的合作和资源共享变得越来越重要。因此，馆员需要积极拓展和维护与其他图书馆的合作关系，以共享资源，更好地为读者服务。例如，他们可以通过互借和文献传递，为读者提供其他图书馆的藏书和电子资源；还可以与其他图书馆共享服务，如共享咨询服务、在线借阅服务等。

其次，馆员的联络作用体现在与学校和其他教育机构的合作上。例如，他们帮助教师设计信息素养教育课程，为教师提供课程相关的信息资源；他们参与教学研究项目，帮助研究员获取和管理研究数据。通过这些方式，馆员与教师和研究员共享教育资源，共同提高教学和研究的效率和质量。

最后，馆员的联络作用体现在与出版社和信息供应商的合作上。例如，他们与出版社和信息供应商进行谈判，获取更优质、更经济的信息资源；他们参与信息资源的选购和订购工作，保证智慧图书馆的资源满足读者的需求。

（五）保障作用

在智慧图书馆环境下，馆员担任着保障者的角色，负责保证智慧图书馆的资源和设施处于良好的状态，同时确保智慧图书馆的规章制度能得到遵守，以维护良好的阅读环境。

首先，馆员的保障作用体现在对智慧图书馆资源的管理上。他们负责智慧图书馆纸质资源和电子资源的采购、分类、编目、保管和维护等工作，确保这些资源的质量和可用性。他们还负责定期检查和更新这些资源，以适应读者的需求变化。对于电子资源，馆员还需要具备相应的技术，因为他们需要处理技术故障，维护资源库的系统和接口，保证读者可以顺利地访问和使用这些资源。

其次，馆员的保障作用体现在对智慧图书馆设施的管理上。他们负责智慧图书馆设施（包括阅览室、图书架、电脑和打印设备等）的管理和维护，要确保这些设施的安全和清洁，以为读者提供舒适的阅读环境。对于智慧图书馆来说，设施管理包括技术设备和系统（如自助服务机、检索系统、网络和数据库等）的管理，馆员需要保证这些设备和系统能够正常运行，从而满足读者的使用需求。

最后，馆员的保障作用体现在对智慧图书馆规章制度的维护上。他们需要制定和执行智慧图书馆的各项规章制度，如借阅规则、使用规定、行为规范等，并确保读者遵守这些规定，以维护良好的阅读秩序。例如，他们可以通过监控系统和巡查，监督读者的行为，及时发现和处理读者的违规行为。

第二节　智慧图书馆馆员的能力构成与评价

一、智慧图书馆馆员的能力构成

智慧图书馆馆员的能力构成可分为个人技能、通用技能和信息技术专业技能，如图 7-1 所示。

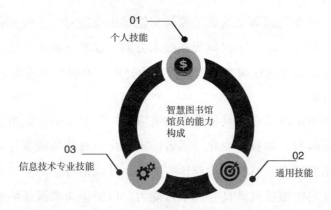

图 7-1　智慧图书馆馆员的能力构成

（一）个人技能

1.创意

智慧图书馆馆员需要具备一定的创意。信息技术向数字化、网络化、智能化的不断发展，对智慧图书馆和馆员角色产生了深远影响。馆员需要培养创新的思维方式，以适应这种新的技术环境。例如，在服务方式、资源获取、信息组织等方面，馆员需要发挥创新思维。具体来讲，他们需要设计一些新颖的阅读推广活动，激发读者的阅读兴趣，吸引读者更频繁地享用智慧图书馆的服务；也需要使用新兴的技术工具帮助读者查找和使用图书馆资源；还需要在面对问题和挑战时，运用创新思维寻找解决方案，以为读者提供更好的服务。

2.灵活

智慧图书馆馆员应具备高度的灵活性，以便适应不断变化的工作环境和技术。在数字化和信息技术快速发展的今天，馆员不仅需要适应新的工作方式，如在线服务、电子资源管理等，还需要面对日新月异的读者需求。对于馆员来说，他们不仅需要适应这些变化，还需要在这些变化中找到新的工作策略和方法，以更好地满足读者需求。

3.反应

智慧图书馆馆员需要具备快速反应的能力，以便及时处理各种问题。在工作中，馆员可能会遇到各种意想不到的问题，包括技术问题、读者问题、资源问题等。这就需要馆员能够迅速应对，并找到解决问题的方法。这种反应能力不仅体现在技术方面，如能够解决网络故障、数据库错误等，也体现在服务能力方面，如处理读者的各种需求和问题。

4.适应性

智慧图书馆馆员必须具备强大的适应性。在工作中，馆员需要面对各种不确定因素，如技术变化、读者需求变化、政策环境变化等。对馆员来说，他们需要能够快速适应这些变化，并调整自己的工作策略和方法。这不仅需要馆员具备良好的学习能力，以便快速掌握新的知识和技术，还需要馆员具备良好的心理素质，能够在压力下保持稳定，灵活应对各种变化和挑战。

5 敏锐

智慧图书馆馆员需要具备敏锐的观察力和洞察力。他们需要能够快速识别和理解读者的需求，对智慧图书馆的运营情况有全面深入的了解；也需要对行业发展趋势和新技术保持警觉，及时学习新知识，与时俱进更新智慧图书馆的服务。这种敏锐的观察力和洞察力不仅可以帮助馆员更好地满足读者的需求，也能够帮助他们发现并解决智慧图书馆的潜在问题。

（二）通用技能

1.团队合作能力

团队合作能力是智慧图书馆馆员必不可少的通用技能之一。团队合作是指在共同目标的推动下，各个成员能有效地互相配合，共同完成任务。这一能力在智慧图书馆中尤其重要，因为智慧图书馆的运营涉及很多复杂且互相关联的工作，如资料整理、读者服务、信息科技支持等。每一项工作都需要团队的成员齐心协力，彼此支持，以确保智慧图书馆的整体运营效率和服务质量。

作为智慧图书馆的馆员，需要具备团队意识和协作精神。他们要能理解和尊重团队中每个成员的角色，充分利用自身的专业技能，为团队的工作贡献力量。他们也要具备良好的沟通能力，能有效地表达自己的意见和想法，理解和接受他人的观点，当团队遇到问题时，能积极参与其中，与团队成员一起寻找解决方案。

2.问题解决能力

问题解决能力是智慧图书馆馆员的另一项重要通用技能。在智慧图书馆的日常运营中，经常会出现各种预期之外的问题，如资料错误、系统故障、读者投诉等。作为馆员，需要有能力快速、准确地识别问题，分析问题产生的原因，制订并执行有效的解决方案。

问题解决能力涉及多项能力的运用，包括观察力、分析力、判断力、决策力和执行力。其中，观察力是识别问题的基础；分析力和判断力是找出问题原因和确定解决方案的关键；决策力和执行力则是解决问题的保证。作为智慧图书馆馆员，只有具备这些能力，才能有效地解决智慧图书馆运营中的问题，保证智慧图书馆的服务质量。

3.人际沟通与交往能力

智慧图书馆馆员的人际沟通与交往能力是他们在提供读者服务、处理读者投诉、协调团队合作等方面的重要技能。良好的人际沟通与交往能力能够帮助馆员有效地了解读者需求，提供满足读者需求的服务，处理读者的投诉和问题，提升读者对智慧图书馆的满意度。

人际沟通与交往能力涉及语言表达能力、理解能力、情绪管理能力和同理心等多方面。良好的语言表达能力能帮助馆员准确地传达自己的意思；理解能力则是理解他人意思的基础；情绪管理能力和同理心则是处理人际关系的关键。作为智慧图书馆馆员，只有具备这些能力，才能有效地处理工作中的人际关系，为读者提供优质的服务。

4.社会责任感

智慧图书馆馆员的社会责任感体现在为社会提供公平、开放、高质量的信息服务。他们扮演着信息的守护者和传播者的角色，需要对社会有强烈的责任感和使命感。在信息化的今天，图书馆的作用不再仅仅是提供书籍和资料，还要为人们提供各类重要信息和服务。馆员在推动信息的获取、传播和使用中，扮演了关键的角色。

作为智慧图书馆馆员，要有强烈的社会责任感，致力于打破信息的壁垒，为公众提供全面、公正、准确的信息服务，保护和推动知识的传播。他们要时刻意识到自己的工作对社会的重要性，尽全力保证智慧图书馆的服务质量和公众的信息权益。只有这样，智慧图书馆才能真正成为社会信息化的重要支撑，为社会的发展作出积极的贡献。

（三）信息技术专业技能

1.数据管理技能

在智慧图书馆中，数据管理技能是馆员必备的信息技术专业技能之一。随着信息技术的发展，智慧图书馆的信息和资源已经基本实现数字化，这就需要馆员能够有效地管理这些电子资源，包括电子书籍、数据库、电子杂志、视频等。

数据管理技能涉及数据收集、数据清洗、数据分类、数据存储和数据维护等多个环节。馆员需要了解数据的性质和结构，掌握数据处理的方法和工具，从而有效地进行数据管理。数据管理的目标是保证数据的准确性、完整性、一致性和可用性，以满足读者的信息服务需求。

此外，数据管理还包括数据安全的管理。在信息化的今天，保证数据安全已经成为一项重要的任务。智慧图书馆的数据中包含读者的个人信息、图书馆的运营信息等敏感数据，馆员需要在了解和遵守相关的数据保护法规的基础上，采取有效的措施保证数据安全。

2.信息科技应用

信息科技应用也是智慧图书馆馆员必备的一项信息技术专业技能。在智慧图书馆中，各种信息科技应用被广泛应用，如电子资源管理系统、在线目录、数字化项目管理工具等，馆员需要熟悉这些应用的使用，从而有效地进行智慧图书馆的运营和管理。

信息科技应用的使用涉及对应用的理解、操作和维护等方面的技能。馆员需要了解应用的功能和使用方法，能够熟练地进行操作，并能有效解决使用过程中的问题。他们也需要了解应用的工作原理和结构，能够进行简单的维护和调试，保证应用的正常运行。他们还需要有能力选择和评估信息科技应用。具体来讲，他们需要了解市场上的各种应用，比较其功能、性能和价格，根据智慧图书馆的需求选择最合适的应用。

3. 网络技术知识

智慧图书馆馆员需要掌握一定的网络技术知识。在智慧图书馆中，网络技术是连接图书馆内部和外部资源的重要桥梁。馆员只有具备一定的网络技术知识，才能有效地进行图书馆的运营和管理。

网络技术知识涉及网络的基本工作原理、网络的管理等。馆员需要了解网络的基本工作原理，知道如何使用网络设备，如路由器、交换机、服务器等；还需要了解网络的管理，如网络的规划、配置和维护等。

网络技术知识还涉及云服务和网络安全方面。云服务是现代图书馆广泛使用的一项技术，它可以提供大量的存储空间和计算资源，方便图书馆的运营。网络安全则是保证图书馆数据安全的重要手段，因此馆员需要了解网络安全的基本原理和方法，防止数据的泄露。

4. 数据分析

数据分析也是智慧图书馆馆员需要具备的一项重要的信息技术专业技能。在大数据时代，数据分析已经成为智慧图书馆优化服务和提升效率的重要手段。通过对馆藏资源的使用情况、读者行为等进行分析，馆员可以得到有价值的信息，进而可以改进服务和优化资源。

数据分析涉及数据的收集、处理和解释等环节。馆员需要有能力收集需要的数据，运用数据处理方法和工具，将数据转换为可用的信息；也需要能够理解和解释这些信息，将其转化为实际的操作建议；还需要对数据的敏感性和隐私保护有所了解。在收集和使用数据的过程中，需要遵守相关的法律法规，尊重读者的隐私权，保护数据的安全。

二、智慧图书馆馆员的评价

（一）智慧图书馆馆员评价的原则

1.全面性

全面性是评价智慧图书馆馆员能力的一个重要原则。全面性强调评价内容应包括馆员的所有职责和技能，及其在不同工作情境中的表现和应用。全面性原则有助于了解馆员在各项工作任务中的表现，从而更准确地评估他们的综合能力。

全面性原则在评价中主要体现在两个方面：一方面，全面性原则要求评价内容应涵盖馆员的所有技能，包括个人技能、通用技能和信息技术专业技能，以及他们在工作中是如何运用这些技能的；另一方面，全面性原则要求评价在不同的工作情境中进行，以考察馆员在处理不同任务和问题时的能力。

遵循全面性原则有利于保证评价的准确性和有效性。通过全面评价，管理者能更好地了解馆员的优点和不足，从而为他们的职业发展提供有针对性的指导。

2.公正性

公正性是评价的基本要求，它要求评价过程公开透明，评价结果基于馆员的实际表现，而不受个人偏见或其他非专业因素的影响。公正性原则有助于增强评价的公信力，提高评价的接受度。

公正性原则要求评价者以客观、公平的态度进行评价，避免受到主观情绪或偏见的影响。评价者应该尊重每个馆员的个性和特点，消除性别、年龄、文化背景等非专业因素对评价结果的影响。同时，公正性原则也要求评价者对所有馆员采用同样的评价标准和程序，避免由不公平待遇引起馆员的不满和抵触。

遵循公正性原则对保证评价的公信力和有效性至关重要。只有当馆员认为评价是公正、公平时，他们才会接受评价结果，并按照评价反馈来改进自己的行为和技能。

3.动态性

动态性是评价智慧图书馆馆员能力的另一个重要原则。动态性强调评价应是一个持续的过程，而不是一次性的活动。动态性原则有助于评价者跟踪和了解馆员的进步和发展及他们在不同时间点的表现和变化。

动态性原则的实现主要依赖定期评价。评价者应定期对馆员的能力进行评价，以了解他们的长期表现和发展趋势。此外，动态性原则还要求评价者关注馆员的进步，不仅看他们现在的能力，也看他们未来的可能。

遵循动态性原则有助于评价者更好地了解馆员的发展变化，从而为馆员提供更有针对性的支持和帮助。

4.发展性

发展性是评价智慧图书馆馆员能力的核心原则。发展性强调评价的目的不仅是评价馆员的现有能力，更重要的是促进他们个人和职业发展。发展性原则有助于评价者从长远的角度看待馆员的能力，为他们提供发展的机会和资源。

发展性原则的实现主要依赖评价的结果反馈和后续的支持。评价者应根据评价结果，为馆员提供具体、明确的反馈，帮助他们了解自身的优点和不足，以及改进和进一步优化的方案。此外，评价者还应根据馆员的发展需要，为他们提供相应的培训和支持，帮助他们提升能力，实现职业发展。

遵循发展性原则有助于评价者将评价和馆员的发展紧密地联系起来，使评价真正成为推动馆员发展的工具。

（二）智慧图书馆馆员评价指标体系构建

综合前面论述的智慧图书馆馆员的能力构成和评价原则，为了对智慧图书馆馆员做出更加科学、全面的评价，笔者认为可以从知识、技能、自我概念、个人特征、动机五个方面构建智慧图书馆馆员评价指标体系，如表7-1所示。

表7-1　智慧图书馆馆员评价指标体系

一级指标	二级指标	评测要素描述
知识	图书馆专业知识	了解图书馆的基本管理和服务模式，熟悉图书馆法规、政策和规程等
	信息技术知识	理解和使用信息技术工具，包括数据库、搜索引擎等
	服务知识	了解读者服务标准和过程，以及读者需求及其变化
技能	技术技能	包括信息检索技能、数据库管理技能、编程语言技能等
	服务技能	包括读者服务技能，如回答读者提问、为读者解决问题等
	沟通技能	与读者、同事和上级有效沟通的能力
自我概念	专业自尊	对自己在图书馆行业的专业地位和价值的认识
	服务认知	对图书馆服务工作的理解和认识
	自我调整	能够根据工作环境和读者需求自我调整和改变的能力
个人特征	学习态度	持续学习和提高自己的意愿和态度
	创新精神	寻求新的方法和方案改进工作的意愿
	精神面貌	正面的工作态度和精神状态，如积极、乐观、耐心等
动机	职业兴趣	对图书馆工作的兴趣和热情
	成就动机	追求工作成果和满足感的意愿
	社会服务动机	帮助他人、服务社区的意愿

第三节　智慧图书馆馆员队伍的结构

关于智慧图书馆馆员队伍的结构，依据不同的标准，可有不同的划分。在此，笔者根据不同人员的职责和任务，将其划分为行政管理人员、资源管理人员、技术支持人员和读者服务人员，如图7-2所示。

图7-2　智慧图书馆馆员队伍的结构

一、行政管理人员

（一）行政管理人员的定义

智慧图书馆行政管理人员是智慧图书馆内部管理的关键力量，负责智慧图书馆的整体运营、决策和资源分配。他们在智慧图书馆中扮演关键的领导和决策角色，是智慧图书馆策略制定和实施的主要推动者。因此，行政管理人员需要具备较高的领导能力、项目管理能力和战略思维能力，能够积极应对当前图书馆环境中的挑战和变化。

（二）行政管理人员的职责

1.战略规划

智慧图书馆行政管理人员的重要职责之一是对智慧图书馆进行全面的战略规划。他们需要设定智慧图书馆的愿景、使命和核心价值，为智慧图书馆的长期发展指明方向，这意味着他们需要深入理解智慧图书馆的角色和使命，以及智慧图书馆在社区中的地位；需要掌握图书馆学的基本原理和最新发展信息，以便将最佳实践和创新引入智慧图书馆的服务中；需要密切关注相关环境的变化，包括信息技术的发展、社区需求的变化、政策环境的影响等，以便将这些变化因素融入智慧图书馆的战略规划中；需要有足够的灵活性和前瞻性，能够在面对快速变化的环境时，及时调整智慧图书馆的战略方向和目标。

2.组织管理

作为智慧图书馆的领导者，行政管理人员需要承担起组织管理的重任，主要是根据智慧图书馆的战略目标，设计合理的组织架构和人员配置，以确保智慧图书馆的运营效率和服务质量。首先，他们需要对智慧图书馆的人力资源进行科学的配置和管理，包括人员的招聘、培训、评估和激励等，并充分了解每个员工的职责和能力，以便将合适的人员配置到合适的岗位上。其次，他们需要对员工进行持续的培训，以提升员工的专业能力和工作满意度。再次，他们需要建立有效的内部沟通机制，以保证智慧图书馆各部门能够做到协同工作和信息分享。最后，他们需要激励员工的创新性和主动性，以推动智慧图书馆的持续改进和发展。

3. 政策制定

行政管理人员需要负责智慧图书馆的政策制定和实施工作，这是他们的关键职责之一。他们需要制定一系列政策和规则，包括智慧图书馆的服务政策、使用规则、人事政策、资料收藏政策等，以规范智慧图书馆的运营和提高服务质量。他们也需要具备深厚的法律知识和强烈的道德责任感，以便在政策制定中尊重和保护所有利益相关者，如馆员、读者、作者、出版商等的权益。他们还需要具备高度的敏感性和判断力，能够在处理复杂和敏感的问题时，做出公正合理的决定。

4. 合作与联络

行政管理人员在智慧图书馆的合作与联络工作中起着关键的作用。他们需要与其他图书馆、学校、社区组织、政府部门等外部组织建立良好的合作关系，通过共享资源、交换信息、共同举办活动等方式，增强智慧图书馆的影响力和服务能力。他们需要有强烈的团队精神和较强的协作能力，能够建立和维护良好的合作关系。他们也需要有高度的外向性和交际能力，能够有效地沟通和谈判，以达成合作目标。他们还需要有强烈的社区服务意识，能够积极地参与和推动社区的文化、教育、公共服务等活动。

二、资源管理人员

（一）资源管理人员的定义

智慧图书馆资源管理人员是负责管内各类资源（如书籍、期刊、电子资料、音像资料等）的采集、分类、编目、维护和管理的专业人员。他们需要具备专业的图书馆学知识和技能，了解和掌握最新的信息技术和资源管理工具，能够有效地管理和利用智慧图书馆资源，满足读者的信息需求。

（二）资源管理人员的职责

1.资源采集

资源采集是智慧图书馆资源管理人员的核心职责之一，其主要工作包括获取、筛选和评估各类图书、期刊、电子资源等。获取、筛选和评估的过程需要与出版社、供应商、数据库供应商以及各类资源平台进行协调，也需要参考读者需求，以及智慧图书馆的发展策略和预算。

资源采集不仅包括物理资源的采购，还包括数字资源的获取。在当今的信息爆炸时代，数字资源的采集在智慧图书馆中显得尤为重要。其中涉及与数字资源供应商的交流，以及如何在保证资源质量的同时，最大限度地提高资源利用效率。在资源采集的过程中，还需要考虑智慧图书馆资源的多元化和全面化，不仅应包括各个学科领域的资料，也应包括不同类型、不同格式的资源，如电子书、音视频、数据库等。

2.资源处理

资源处理是指将采集的资源通过一定的方式进行整理和加工，使其能够方便读者检索和使用。具体工作内容包括编目、分类、标签、索引等，其中编目是最重要的步骤，它能够将资源的信息描述清楚，从而使读者轻松找到所需的资源。相比传统图书馆的资源处理工作，智慧图书馆的资源处理工作范围更广、难度更大。例如，智慧图书馆需要处理的资源中包括大量的数字资源，这需要资源管理人员熟悉并掌握相应的技术和工具。

3. 资源维护

资源维护是图书馆资源管理人员的重要职责，主要负责保证图书馆的各项资源都能够正常运行，从而满足读者的需求。具体工作包括对资源的定期检查、修复、更新、清理和维护等。在智慧图书馆中，资源维护的工作更加复杂和细致。例如，需要定期对数字资源进行数据备份和数据恢复等，以保证数据的安全和完整；还需要定期更新和优化资源的检索系统，以保证读者能够方便快捷地找到所需的资源。

4. 资源管理

资源管理是指通过合理的方法和手段，对图书馆的资源进行有效的管理和使用。具体工作包括资源的存储管理、流通管理、利用管理等。在智慧图书馆中，资源管理的任务更加繁重和复杂。例如，对数字资源的管理，需要资源管理人员熟悉和掌握数据管理的知识和技能，如数据的存储、备份、恢复等。除此之外，还需要资源管理人员根据读者的需求和反馈，定期进行资源的更新和优化，以提高资源的利用效率。

5. 资源服务

资源服务是指通过提供各种服务，帮助读者更好地利用图书馆的资源，具体工作包括信息咨询、信息检索、信息推荐、信息教育等。在智慧图书馆中，资源服务的形式更加多样化和个性化。例如，通过数据分析，资源管理人员可以了解读者的需求和兴趣，然后据此为读者提供个性化的信息推荐服务。通过运用网络和移动设备，智慧图书馆可以提供24小时的信息服务，能够满足读者随时随地获取信息的需求。

三、技术支持人员

（一）技术支持人员的定义

智慧图书馆技术支持人员是指为图书馆的信息技术系统提供支持的专业人员。这些人员负责维护和管理智慧图书馆的信息技术系统，包括管理系统、数字资源、网络设施以及其他相关的硬件和软件。

（二）技术支持人员的职责

1.系统维护

技术支持人员在系统维护方面的职责至关重要。他们需要定期检查智慧图书馆的硬件设备、软件应用和网络连接，以确保其能持续正常运行。这涉及识别和解决技术问题，包括硬件设备的维护和升级、软件的更新和修复，以及网络连接的持续性和稳定性。此外，技术支持人员还需要进行预防性维护，识别可能出现的问题并在问题真正出现之前解决掉它们。例如，他们需要定期更新操作系统和应用程序，以防止出现安全漏洞；还需要定期清理硬盘，以保持其性能。

2.故障修复

作为技术支持人员，故障修复是他们的重要职责，主要工作包括对智慧图书馆系统中出现的硬件和软件问题进行诊断和解决。在智慧图书馆的运行中，可能会出现多种故障，如自动借阅机器出现故障、自动检索系统出现问题等。在这些情况下，技术支持人员需要快速准确地确定问题所在，并进行适当的修复。除此之外，他们还需要监控系统的性能，及时消除潜在的问题，这需要他们具备一定的编程和硬件维护能力，以及对智慧图书馆系统的深入了解。在进行故障修复时，技术支持人员需要与其他团队成员、供应商进行及时有效的沟通，确保故障得到及时的解决。

3.数据管理

数据管理主要涉及数据的收集、存储、备份、恢复、更新和保护等工作。例如，技术支持人员需要管理智慧图书馆的书目数据库，确保其准确性和有效性，并需要定期备份这些数据，以防止数据丢失。他们还需要确保数据的安全性，防止数据被未经授权的人员访问。数据管理还可能涉及数据分析，因此技术支持人员需要使用一些数据分析工具，帮助智慧图书馆更好地了解读者需求，进而改善服务。

4.读者支持

读者支持涉及帮助读者解决他们在享受智慧图书馆服务时可能遇到

的问题。例如，读者可能不了解如何使用自助借阅机，或者在搜索信息时遇到了问题。在这些情况下，技术支持人员需要提供及时、准确和友好的支持。此外，他们还需要在一些技术培训活动中发挥作用，帮助读者更好地了解和使用智慧图书馆的技术资源。读者支持工作需要技术支持人员具备良好的沟通技巧和服务态度，并对智慧图书馆技术系统具有深入了解。

5.技术更新

技术更新职责意味着技术支持人员需要关注图书馆技术领域的最新发展，并评估哪些新技术可以引入智慧图书馆中。例如，他们需要负责研究新的数据管理工具，以及评估新的自助服务机器；还需要负责软硬件的升级和替换工作。这些都要求他们具备一定的项目管理技能，以确保技术更新工作的顺利进行。

6.网络安全

网络安全职责意味着技术支持人员需要保护智慧图书馆技术系统和数据的安全，防止发生网络攻击和数据泄露事件。这可能涉及防火墙的配置、病毒的检测和移除，以及对网络攻击的响应。因此，技术支持人员需要培训馆员和读者相关的知识，增强馆员和读者的网络安全意识，防止由人为操作不当造成的安全问题。开展网络安全工作需要技术支持人员具备专门的技能和知识，因此，他们需要了解一些网络安全技术，如加密技术和安全协议等。

四、读者服务人员

（一）读者服务人员的定义

智慧图书馆读者服务人员指馆内的工作人员，他们的主要任务是与读者进行直接交流，了解读者需求，为读者提供协助和指导，确保读者能够顺利地享用智慧图书馆的各种资源和服务。读者服务人员的工作包括但不限于提供读者咨询服务，协助读者查找和获取信息，提供读者指导，处理读者的问题和投诉。他们通常需要具备良好的沟通技巧、人际交往能力，并对智慧图书馆资源和服务具有深入了解。

（二）读者服务人员的职责

1. 信息咨询服务

信息咨询服务是智慧图书馆读者服务人员最基础且重要的职责。在信息爆炸时代，读者经常需要在大量信息中找到所需内容，因此，读者服务人员在提供服务时，需要先了解读者的需求，然后指导他们如何查找、筛选和评估信息，最终帮助他们在复杂的信息环境中找到所需内容。这需要读者服务人员具有专业的知识和技能。此外，读者服务人员还要为读者提供最新的信息资源，包括图书、期刊、数据库等。

读者服务人员需要保持对新知识、新技术的学习和运用，从而能够更好地满足读者的需求。除了图书馆这一信息获取渠道外，读者服务人员还需要了解其他的信息获取渠道，以便为读者提供更全面的信息服务。为更好地提供信息咨询服务，读者服务人员需要具备良好的沟通能力，能清楚地了解读者的需求，并能为读者提供有效的解答和建议，从而帮助读者解决问题。

2. 读者培训

读者培训是智慧图书馆读者服务人员的重要职责。在信息化社会，每个人都需要具备信息素养，才能有效地利用信息资源。作为读者服务人员，更需要帮助读者提高信息素养，包括教授读者如何使用智慧图书馆的各种资源，以及如何安全、合法、道德地使用信息。

读者培训可以通过各种方式进行，如面对面的讲座、研讨会，或者在线的视频教程、网络课程等。在培训过程中，读者服务人员需要有足够的耐心，因为每个人的学习速度和方式都不同。除此之外，读者服务人员还需要定期更新和改进培训内容，以适应信息技术的发展。

3. 资源推荐

在海量信息中找到合适的信息资源是一项挑战。作为读者服务人员，需要了解读者的需求和兴趣，然后为他们推荐合适的资源，这些资源可以是图书、期刊、数据库，也可以是网站、应用程序等。

履行资源推荐职责需要读者服务人员具有较强的评估能力，能够判断信息资源的质量和适用性；还需要读者服务人员持续关注信息资源的动态，以便为读者提供最新、最有价值的资源。在推荐资源时，读者服务人员可以根据读者的反馈和使用情况，进行个性化的推荐，以提高读者满意度和智慧图书馆服务的使用率。

4.读者反馈

在智慧图书馆读者服务中，收集和处理读者反馈是关键的环节。读者反馈是评估智慧图书馆服务质量和效果的重要依据，处理读者反馈则是智慧图书馆改进服务、提高读者满意度的重要手段。因此，读者服务人员需要建立一套有效的读者反馈系统，鼓励和引导读者提供他们的感受和建议。

读者反馈可以是关于智慧图书馆服务满意度方面的，也可以是使用智慧图书馆资源过程中的困难，还可以是新的服务需求等。读者服务人员需要认真记录和分析这些反馈，了解读者的需求和期望，找出服务中的问题和不足，然后制定改进措施。在处理读者反馈时，读者服务人员需要持有开放、包容的心态，尊重每一位读者的意见和感受，积极响应读者的反馈，及时解决读者的问题，以提高读者满意度和智慧图书馆服务质量。

5.活动组织

组织各种活动，如读书会、讲座、研讨会等，可以促进读者之间的学习和交流，营造智慧图书馆的社区氛围，增强读者的归属感。这些活动可以是学术性质的，如学术讲座、研究分享会，也可以是娱乐性质的，如书籍交换会、电影观赏等。读者服务人员需要了解读者的需求和兴趣，选择合适的活动主题和形式，精心组织和推广活动。

为组织好活动，读者服务人员需要具备良好的组织能力和协调能力，能够处理各种突发情况，确保活动的顺利进行，还需要关注活动的效果，收集读者的反馈，以便改进未来的活动。

6.提供特殊服务

智慧图书馆的读者服务人员需要提供特殊服务，如无障碍服务。例如，视障、听障读者需要特殊的设备或服务，这时读者服务人员就需要了解他们的具体需求，为他们智慧使用图书馆的资源和服务提供方便。

无障碍服务包括提供有声书、大字版书籍、盲文书籍等。对于听障人士，可以提供手语翻译服务，或者使用文字和图片等多种方式进行交流。读者服务人员需要接受相关的培训，了解如何使用一些特殊设备，掌握一些特殊技术，从而与特殊人群进行有效的交流。

提供特殊服务的目标是确保所有读者都可以平等、方便地使用智慧图书馆的资源和服务。这不仅需要读者服务人员具备专业知识和技能，还需要他们具有开放、包容的心态，尊重每一位读者的权利，尽力满足他们的需求。

第四节　智慧图书馆馆员队伍建设策略

一、人才引进

（一）人才引进的原则

1.匹配性原则

引进的人才应该具备与智慧图书馆目标和战略方向相匹配的技能和知识。智慧图书馆的目标是提供更加智能化和个性化的图书馆服务，因此，人才的专业能力和知识应能够推动智慧图书馆实现这一目标。例如，智慧图书馆需要具备信息技术和数据分析方面的专业人才，以开发智能搜索系统和个性化推荐算法，从而提升读者体验，那么引进的人才就应该符合这一要求。匹配性原则的核心是确保引进的人才能够为智慧图书馆带来创新和发展。

2.公平性原则

在人才引进的过程中，公平性原则是至关重要的原则。智慧图书馆相关人员应该以同样的标准和过程对所有申请人进行评估，避免偏袒或歧视。招聘过程应该建立在明确的招聘标准和透明的评估流程的基础上，这样能够确保所有申请人有平等的机会展示他们的能力。公平性原则的实施能够提高员工的满意度，扩大智慧图书馆的声誉，同时能吸引更多优秀人才加入馆员队伍。

3. 多元性原则

智慧图书馆服务涉及的领域已经不再局限于传统的图书信息学领域，还涉及信息技术、市场营销、项目管理等多个领域。例如，智慧图书馆需要招聘专业的市场营销人员来推广图书馆的服务，需要招聘项目管理专家来推动数字化转型项目的实施。多元性原则的实施能够吸引来自不同专业背景的人才，从而促进智慧图书馆的发展和服务质量的提升。

4. 可持续性原则

人才引进不仅需要考虑当前的需求，还需要考虑未来的持续发展。这包括制定有效的激励机制，以吸引和留住人才；建立人才培养体系，以培养专业人才和未来的领导者。激励机制可以包括提高薪酬福利、提供职业发展机会和优化工作环境等方面，以使人才感到被重视和被认可。人才培养体系则需要提供培训、学习和发展的机会，以使人才能够不断提升自身的能力。可持续性原则的实施有利于确保智慧图书馆拥有稳定和高素质的人才队伍，从而为智慧图书馆的未来发展奠定基础。

5. 灵活性原则

在全球化背景下，智慧图书馆需要灵活引进国内外优秀的、具有全球视野的人才。例如，开展国际化的人才招聘，吸引来自不同国家和文化背景的专业人才组建跨文化团队，这种团队中的成员具有不同的经验和思维方式，有利于推动图书馆服务的创新和国际化发展。此外，灵活性原则还包括对人才的工作地点和工作方式的灵活安排，如为吸引更多优秀人才加入图书馆，可为他们提供远程工作的机会。灵活性原则的实施有利于提升智慧图书馆的竞争力，并适应不断变化的人才市场和工作环境。

（二）引进的人才类型

智慧图书馆的建设和发展需要多种类型的人才。这些人才不仅包括传统的图书馆科学专业人才，也包括一些新兴领域的专业人才。具体来说，智慧图书馆需要引进的人才类型主要包括以下几种。

1. 图书信息专业人才

图书信息专业人才是智慧图书馆人才队伍的基石。他们对信息科学的深刻理解及对图书馆业务的全面了解，使他们成为连接信息技术和读者需求的关键。他们精通信息检索、资源开发、文献分类等知识，熟悉图书馆业务流程，并能够在数字环境下高效组织和管理信息资源。但是，随着信息技术的发展，他们需要掌握基本的编程知识，了解人工智能和机器学习的应用，以便在新的信息环境中更好地服务读者。

2. 数据分析师

智慧图书馆生成和处理的数据量越来越大，数据分析师的角色变得尤为重要。他们能够处理复杂的数据集，发现其中的模式和趋势，为图书馆的服务决策提供有力支持。他们熟悉统计学、机器学习等方法，掌握了一种或多种数据分析工具，能够设计和实施数据分析项目。他们的工作不仅可以帮助智慧图书馆了解读者的行为和需求，还可以为智慧图书馆制定发展战略提供数据支持。

3. 信息技术专家

智慧图书馆的运行需要强大的信息技术支持，信息技术专家负责建设和维护智慧图书馆的技术基础设施，包括硬件、软件。他们需要熟悉各种操作系统和编程语言，掌握云计算、大数据等新兴技术。他们的工作涉及系统开发、网络安全、数据备份和恢复等多个方面，他们需要有良好的问题解决能力和创新思维。

4. 读者体验设计师

读者体验设计师负责优化智慧图书馆的数字服务，提高读者的满意度。他们需要了解读者的需求和行为，设计易用且吸引人的界面。他们熟悉设计思维，掌握了一种或多种设计工具，能够进行原型设计、交互设计等工作。他们的工作需要和其他团队成员密切合作，以不断改进智慧图书馆的服务。

5.知识管理专家

知识管理专家负责设计和实施智慧图书馆的知识管理策略。他们需要理解知识的本质，熟悉知识管理的理论和方法，设计和实施知识管理项目。他们的工作涉及知识的获取、组织、存储和分享等多个环节，他们需要有良好的组织能力和沟通能力。

6.多媒体制作人员

多媒体制作人员负责制作智慧图书馆的数字内容，包括图像、音视频等。他们需要熟悉多媒体制作的流程和工具，具备较强的美术设计实力和剪辑技能，能够制作高质量的多媒体内容。他们的工作需要和其他团队成员密切合作，以保证内容的质量。他们的创新能力和技术技能对提升智慧图书馆的服务质量有着重要的影响。

（三）人才引进的路径

1.国内人才市场

国内人才市场是智慧图书馆引进人才的重要途径。其中，校园招聘和社会招聘是两种主要的引进路径。

校园招聘是指智慧图书馆直接从高校毕业生中选取人才。一些智慧图书馆会与国内的大学建立合作关系，每年定期在这些学校进行招聘活动，吸引图书馆学、信息科学等专业的学生加入。此外，智慧图书馆也会开展实习生计划，为学生提供实践机会，培养他们的专业技能和团队协作能力，其中一些表现优秀的实习生会被直接录用，成为正式员工。

社会招聘则是指通过在线招聘平台、专业人才市场、职业猎头等方式选取人才。这些渠道可以帮助智慧图书馆接触到更广泛的人才群体，包括有工作经验的专业人才和转行的非专业人才。智慧图书馆可根据自身的需求，发布详细的职位描述和招聘条件，吸引合适的人才应聘。

无论是校园招聘还是社会招聘，都需要智慧图书馆有明确的人才引进策略和流程。例如，智慧图书馆需要制定人才需求预测、职位描述、人才评估标准等规范，以保证人才引进的有效性和公正性。

2. 国际人才市场

国际人才市场为智慧图书馆提供了更为广阔的人才选择空间。引进国际人才可以帮助智慧图书馆获取全球前沿的图书馆科学知识和技术，提升智慧图书馆的国际影响力。

国际人才的引进主要依赖国际交流和合作。例如，智慧图书馆可以通过参加国际学术会议、组织国际研修项目等方式，接触并招聘到国际上的优秀人才。除此之外，智慧图书馆也可以通过与海外高校和研究机构建立合作关系，引进优秀的海外学者和专家。

无论是引进国内人才还是国际人才，都需要智慧图书馆提供良好的工作环境和福利待遇，如有竞争力的薪酬、良好的工作设施、宽松的研究环境等，以吸引并留住优秀人才。更重要的是，智慧图书馆需要有清晰的人才需求和引进策略。这需要智慧图书馆对自身的发展方向和人才需求有深入的理解，同时需要与时俱进，紧跟图书馆科学和信息技术的发展趋势。

（四）人才引进的保障条件

智慧图书馆在不断向前发展的过程中，需要一支熟悉并精通现代化图书馆管理与服务的专业团队。人才引进作为图书馆人力资源管理的重要组成部分，是构建这支团队的关键。然而，有效的人才引进并非简单的聘用，而是需要一系列保障条件的共同配合。具体而言，至少包括制度保障、环境保障和资金保障三个方面。

1. 人才引进的制度保障

制度是人才引进工作正常运行的基础。就智慧图书馆而言，人才引进的制度保障主要包括以下几项。

（1）招聘制度。智慧图书馆成功的关键因素是人力资源，由此，招聘制度的公正、公开、透明是至关重要的。招聘制度至少应做到两点：

一是公平对待每一位应聘者，不因性别、年龄、种族、宗教等因素歧视或偏袒任何应聘者；二是公平评价每一位应聘者的专业能力，不受人际关系或私人情感的影响。这样的公正制度有助于优秀人才的脱颖而出，同时能赢得社会的尊重和信任。

公开透明的招聘制度主要体现在职位的发布和应聘流程上。所有的职位及其要求都应该在正规的招聘平台上公开发布，应聘流程也应该向公众开放，同时对应聘者的任何疑问都应给予回答。这样可以确保所有的应聘者都有公平的机会，也可以增强应聘者对智慧图书馆的信任感。

（2）培训制度。引进人才后的关键是他们能有效地融入组织。为此，必须有一个详尽且有序的培训制度。培训制度需要包括新员工的入职培训、持续的职业技能培训和定期的技术更新培训。新员工的入职培训能够帮助引进的人才快速熟悉工作环境和职责要求；持续的职业技能培训则能够帮助他们不断提高自己，不断适应工作需求的变化；定期的技术更新培训则能够确保他们与时俱进，跟上甚至引领智慧图书馆的发展。

（3）评价制度。引进的人才具有不同的专业背景和技能，评价制度应以公正、透明和有建设性的方式反映这些差异。科学的评价制度应该基于明确的、预先定义的性能指标，包括技能掌握程度、完成任务的质量和速度、团队合作能力等。引进的人才往往需要承担更多的责任，面临更大的挑战，因此评价制度应特别强调对创新、领导力和战略决策的评价。此外，评价还应包括对引进人才适应组织文化和工作环境的评价，以及对他们对智慧图书馆发展贡献的评价。评价结果应该是他们职业发展的参考，以及他们提高薪酬和晋升的依据。

（4）保障制度。对于引进的人才，保障制度应特别强调他们的职业发展和职业安全。首先，智慧图书馆应制定明确的晋升制度和发展路径，让引进的人才看到他们的发展前景。同时，智慧图书馆应为他们提供持续的职业培训和学习机会，帮助他们提升自己，以满足职业发展的需求。其次，保障制度还应包括良好的工作环境和合理的工作时间，尤其是对从其他地方引进的人才，智慧图书馆应尽可能为他们提供住宿，帮助他们快速适应新的生活环境。最后，引进的人才往往在经济上和职业上承担更大的风险，因此智慧图书馆应提供足够的福利，如健康保险、公积金等，以减轻他们的压力。

2. 人才引进的环境保障

环境对人才引进有着重要的影响。就智慧图书馆而言，人才引进的环境保障主要包括以下几项。

（1）工作环境。智慧图书馆的工作环境不仅关乎物质设施，更关乎信息环境和人文环境。在物质设施方面，智慧图书馆应为引进的人才提供舒适且适合长时间阅读与研究的办公空间，同时配备高效的办公设备，如计算机、打印机、扫描仪等。此外，良好的照明、安静的空间、易于调整的座椅等也是必不可少的。

在信息环境方面，智慧图书馆应在工作环境中构建一个开放和共享的信息空间。引进的人才应能便利地获取和使用大量的电子资源，包括各种数据库、电子书及其他在线学习资源。此外，引进的人才还应能通过互联网与全球的同行进行交流，及时获取最新的行业资讯和专业知识。

在人文环境方面，智慧图书馆应营造一种积极、健康、和谐的工作气氛。引进的人才之间应有良好的合作关系，能够相互尊重、相互理解，共同应对工作中的挑战。

（2）生活环境。在生活环境方面，智慧图书馆所在的城市应具有良好的公共服务设施，这对吸引和留住人才有着重要的影响。便利的公共交通可以减少员工的通勤时间，使他们有更多的时间投入工作和生活中。多彩的文化活动可以丰富员工的业余生活，增强他们对城市的归属感。优质的医疗服务和教育资源则可以保障员工安心地工作和生活。此外，智慧图书馆所在城市的社会氛围也是吸引人才的重要因素。开放、包容、多元的社会氛围能够吸引来自不同背景的人才，使他们在这个城市找到归属感。

（3）社区环境。在社区环境方面，智慧图书馆需要营造良好的社区环境，使员工能够在工作之余参与各种社区活动，如学术研讨会、文化沙龙、志愿者活动等。这些活动不仅能够加强引进人才之间的交流和合作，增强他们的团队精神，还能够提升他们的专业素质，使他们更好地为读者服务。除此之外，智慧图书馆还应该与社区开展紧密合作，积极参与社区的各种活动，努力成为社区的一部分，进而提升自身的社区影响力。这样不仅能够增强引进人才的归属感，也能够吸引更多读者享用智慧图书馆的服务，使智慧图书馆成为社区的文化中心。

3. 人才引进的资金保障

（1）招聘预算保障。招聘预算包含发布招聘信息、组织面试、进行背景调查等所有环节的费用。智慧图书馆所需人才的专业性较强，因此在招聘过程中，需要专业的人才市场或者专业的猎头公司的帮助，这将涉及一定的费用。为了吸引更多的优质人才，智慧图书馆还需要通过各种渠道进行招聘信息的发布，如社交媒体、招聘网站、行业会议等，这些都会产生一定的广告费用。另外，面试过程中还会涉及候选人的差旅费用及面试官的时间成本。此外，对候选人的背景调查也是必不可少的，不仅包括对候选人的学历和工作经历的核实，还包括对候选人的职业道德和人格特质的评估，这个过程可能需要委托给专业的机构进行，因此也会产生一定的费用。

（2）薪酬预算保障。薪酬是吸引和留住人才的关键因素之一。智慧图书馆应制定具有竞争力的薪酬，但需要在自身的财务承受范围内。智慧图书馆的薪酬系统应该公平、透明，并与员工的工作表现和贡献紧密相关。具体来说，薪酬不仅应包括基础工资，还应包括各种奖金和津贴。例如，可以设立绩效奖金，以激励员工提高工作效率和质量；设立专项津贴，如住房补贴、交通补贴等，以减轻员工的生活压力。

（3）培训预算保障。培训预算是保证新员工能享受充足的入职培训和持续的在职培训的必要条件。由于智慧图书馆的特殊性，员工需要具备一定的专业知识和技能。因此，为新员工提供全面的入职培训是必要的，这不仅能帮助他们尽快适应新的工作环境，也能提高他们的工作效率。智慧图书馆应为在职员工提供持续的培训。因为图书馆业务和相关技术在不断发展变化，只有通过持续学习，员工才能够不断提高工作能力。

（4）福利预算保障。除了薪酬外，福利也是吸引和留住人才的重要因素。智慧图书馆应设定合理的福利预算，如健康保险、养老金、员工旅游等。这些福利不仅能增强员工的满意度和忠诚度，还能帮助智慧图书馆在人才市场中获得竞争优势。例如，提供健康保险可以减轻员工的医疗压力，提供养老金可以减轻员工的养老压力，提供员工旅游可以增强员工的团队精神和归属感。

二、馆员培训

（一）馆员培训的原则

1.持续性

当今的信息科技瞬息万变，智慧图书馆馆员必须不断更新其知识和技能，以跟上时代的步伐。新的信息技术、图书馆管理理念和读者需求不断涌现，只有持续性开展培训，才能确保馆员的专业素质能够不断提高，不断满足读者的需求。这意味着培训不是一次性的，而是一个持续的过程。智慧图书馆可以定期开展在职培训、工作坊、研讨会等，保证馆员能随时接触和学习新的知识和技能，从而提高自我学习和自我发展的能力。除此之外，持续性开展培训也有利于营造良好的学习氛围，践行终身学习的理念，鼓励馆员主动学习，分享学习经验，进而提高整个工作人员团队的学习能力和创新能力。

2.目标导向

每一次的培训都应有明确的目标，这样才能确保培训的实效性和针对性。培训内容应与智慧图书馆的业务目标和馆员的工作职责紧密相连，从而使馆员清晰地了解自己需要学习什么、为什么要学习、如何学习。只有当培训内容与馆员的工作实际相结合时，馆员才能真正将所学应用于实践，提升工作效率。同时，目标导向的培训也能够使培训资源得到最有效利用，从而提高培训的性价比。

3. 可操作性

理论知识的学习是基础，但只有在实践中应用后，才能真正掌握知识，因此培训内容需要包括实际操作的部分。馆员在实践中能够进一步加深对知识的理解，更好地掌握技能，从而增强自我解决问题的能力。特别是在智慧图书馆中，很多新的技术和工具需要馆员熟练操作后才能真正掌握，这就需要在培训中安排实操环节，模拟真实的工作情境，增强馆员的操作能力和问题解决能力。

4. 个性化

个性化培训强调将馆员的个人特点和需求纳入培训计划中，这对于提高培训的针对性和有效性至关重要。个性化培训需要对馆员进行精细的分类和分级，如按照工作类型、工作年限、学历水平、知识水平和技能水平等进行细分。通过此类细分，智慧图书馆可以明确了解馆员的学习需求和目标，然后提供符合其需求的培训内容和方式。个性化培训需要为馆员提供全方位的学习支持，包括学习资源、学习工具、学习指导、学习反馈和评价。通过提供这些学习支持，馆员可以清晰地了解自己的学习进度和效果，从而有针对性地调整学习计划和策略。

5. 互动性

互动性强调馆员在培训过程中的主动性和互动性。在培训过程中，馆员被鼓励积极参与，并与教练或其他馆员进行交流和互动。通过小组讨论、案例研究、角色扮演等互动方式，既可以增加学习的趣味性，也可以提高馆员的综合能力。例如，小组讨论可以提高馆员的合作能力和沟通能力，案例研究可以增强馆员的问题解决能力，角色扮演可以提升馆员的理解和应用能力。

6. 反馈性

反馈性原则强调反馈在培训中的重要性。通过有效的反馈机制，可以及时了解馆员对培训的满意度及其培训效果，从而调整和优化培训内容和方式。反馈可以通过调查问卷、面对面访谈或在线评价等方式获得，包括关于培训效果和改进点的关键信息。这种以馆员为中心的反馈机制有助于持续改进培训，以更好地满足馆员的需求和期望，提升培训的效果和效率。

（二）馆员培训的内容

1.知识培训

知识培训是馆员培训的基础部分，旨在提升馆员的专业知识和理论素养。智慧图书馆馆员知识培训的内容往往涵盖以下几个方面。

（1）图书馆学基础知识。图书馆学基础知识是馆员必备的知识，包括图书馆的发展史、图书馆管理理论、分类法和编目法、信息检索原理、版权法等。了解图书馆的发展历程，有助于馆员明晰图书馆的起源和发展趋势，从而更好地开展工作。熟悉图书馆管理理论，有助于馆员在实践中更好地运用理论，提高工作效率。掌握分类法和编目法，有助于馆员准确地为藏书分类、编目，从而方便读者查阅。理解信息检索原理，有助于馆员更有效地帮助读者查找信息。学习版权法，有助于馆员在工作中减少和避免知识产权纠纷。

（2）信息科技知识。随着信息科技的发展，图书馆工作已经与信息科技达到深度融合，因此，馆员必须掌握一定的信息科技知识，包括计算机基础知识，了解操作系统、办公软件的使用，学习编程语言等。不仅如此，馆员还需掌握数据库管理知识，了解数据库的构造，学习查询语言，以便进行数据检索和管理。同时，馆员需要熟悉数字化处理的步骤和方法，能够将实体文献转化为数字资源，并学习使用信息检索系统，以为读者提供高效的信息检索服务。

（3）专业知识。根据职责和工作需要，馆员可能需要掌握一些特定领域的专业知识。例如，文献学，是一门研究文献资源的科学，包括文献分类、文献检索、文献评价等，馆员需对此有深入的理解，以便为读者提供专业的服务。又如，特藏管理，对于特藏馆员来说，他们需要了解特藏的鉴定、收藏、修复和展示等知识。此外，图书修复也是一个重要的知识领域，馆员需要了解图书的损伤类型和修复方法，保护馆藏的宝贵资源。

（4）新知识。随着科技的发展，图书馆工作也在不断发生变化。例如，随着大数据、人工智能、机器学习等新兴技术在图书馆中的应用，馆员需要不断学习和掌握这些新技术知识。大数据为图书馆提供了海量的数据资源，馆员需学习大数据的处理和分析方法，以便从中提取有价值的信息。人工智能和机器学习也正在改变图书馆的服务方式，馆员需要理解这些技术的原理和应用，以便更好地利用它们为读者提供智能化服务。

2.技能培训

技能培训旨在提升馆员的工作技能，使他们能够更好地完成工作任务。智慧图书馆馆员的技能培训内容往往涵盖以下几个方面。

（1）操作技能。智慧图书馆馆员需要能够熟练操作各种系统，如自动化管理系统、电子资源管理系统、图书馆门户网站等。这些系统在智慧图书馆工作中发挥着重要作用，馆员需要了解它们的工作原理和使用方法，以便高效地进行数据录入、数据查询、数据分析等操作。不仅如此，馆员也需要掌握数据库管理技能，能够对数据库进行建设、维护和优化，保证数据的准确性和可用性。此外，随着数字资源在智慧图书馆中的应用越来越广泛，馆员还需要掌握数字资源的制作和编辑技能，如使用数字化设备进行扫描、使用图像处理软件进行图像优化、使用元数据工具进行元数据创建等。

（2）沟通技能。在工作过程中，馆员需要与读者、同事、领导进行沟通交流，因此沟通技能是非常重要的。首先，馆员需要具备良好的语言能力，能够清晰、准确、有效地进行表达，从而保证信息的有效传递。其次，馆员需要掌握良好的非言语沟通，如肢体语言、面部表情、语调等，这些可以增强沟通的效果。最后，馆员需要具备解决冲突和问题的能力，能够在遇到问题和冲突时，积极寻找解决方案，从而保持良好的工作关系。

（3）教育技能。智慧图书馆馆员的角色已经从传统的信息提供者变为教育者，这就要求馆员具备一定的教育技能，以更好地引导读者利用馆藏资源，创造出更高的学习价值。对于信息素养教育，馆员需要引导读者了解信息的属性和价值，学会有效搜集、使用和评估信息。同时，他们需要掌握不同年龄、不同背景的读者的学习风格和习惯，以个性化的方式提供信息服务，以激发读者的学习兴趣和动力。此外，馆员还需要熟悉各种新兴的教学方法和技术，如在线课程、翻转课堂、虚拟现实等，以适应智慧图书馆的发展需要。在提供教育服务的过程中，馆员应有意识地推动读者的自我教育和终身学习，使智慧图书馆真正成为社区的学习中心。

（4）组织技能。智慧图书馆馆员的组织技能同样非常关键。首先，他们需要有效地管理时间和任务。由于图书馆工作的复杂性和多样性，馆员往往需要处理多种任务，这就需要他们学会设置工作优先级，制订合理的工作计划，以确保所有任务的高效完成。其次，馆员需要具备良好的资源管理能力。在物理资源管理方面，馆员需要有一套科学的管理制度和流程。在电子资源管理方面，馆员需要学会使用图书馆管理系统、数字资源保护技术等。总的来说，馆员的组织技能直接影响智慧图书馆的运行效率和服务质量，因此，必须对馆员的技能培训给予充分的重视。

3. 态度培训

（1）职业道德。智慧图书馆馆员的职业道德是至关重要的。他们需要尊重和保护知识产权，不得非法复制和传播版权受保护的材料。同时，他们需要保护读者的隐私，不得泄露读者的个人信息和借阅记录。在提供服务时，馆员需要公正无私，不得因为个人的偏好和情感影响服务的公正性。此外，馆员还需要尊重同事，尊重图书馆的规章制度，尊重公共资源，这些都是职业道德的重要内容。

（2）服务态度。在智慧图书馆中，馆员的服务态度直接影响读者的使用体验和图书馆的服务质量。馆员需要以读者为中心，全心全意地为读者服务，对于读者的需求和问题，要认真听取，耐心解答，及时处理。他们也需要对每一位读者都保持友好和尊重的态度，无论读者的年龄、性别、身份、知识水平如何。更重要的是，馆员需要主动提供服务，主动关注读者的需求，主动提供帮助。

（3）团队精神。智慧图书馆是一个大家庭，馆员需要具备良好的团队精神，能够与同事紧密合作，共同完成工作任务。他们需要尊重同事的工作，以及同事的意见和建议，能够接受批评和指正，乐于分享知识和经验。他们需要积极参与团队活动，提高团队的凝聚力和战斗力。他们还需要勇于承担责任，对自己的工作有责任心，对团队的目标有责任感。

（4）持续学习。在信息科技快速发展的今天，馆员需要具备持续学习的态度，才能适应图书馆工作的变化；需要时刻保持对新知识、新技术的关注和学习，不断更新和提升自己的知识和技能；需要对自己的工作有深入的理解和反思，不断寻找改进和创新工作的可能。不仅如此，他们还需要对个人的职业发展有清晰的规划和目标，不断提升自己的专业素质和竞争力。

以上培训内容是相互关联、相互支持的。只有全面地进行知识培训、技能培训和态度培训，才能真正提升馆员的工作能力和服务质量。

（三）馆员培训的方法

智慧图书馆馆员的培训可以采用以下几种方法。

1. 在线课程培训

在线课程培训是一种现代化、灵活、便捷的学习方式，尤其对于图书馆工作人员来说，这种方式为他们提供了大量可选择的学习资源，使他们可以按照自己的需求、节奏和时间进行学习。在线课程涵盖图书馆科学基础、新型图书馆技术和服务、信息素养教育、资源管理等多个方面。通过在线课程培训，馆员可以获得更广泛的知识和技能，从而更好地适应智慧图书馆的各项工作。此外，邀请图书馆领域的专家和教师在线讲解相关知识，可以提升课程的实用性和权威性。这种方式既可以满足馆员的个性化学习需求，又可以节省成本。

2.工作坊和研讨会

工作坊和研讨会是一种非常有效地提高馆员专业技能和知识的方式。这种方式的优势在于鼓励馆员面对面交流，并在互动和交流中分享经验、探讨问题，获得新的知识和技能，同时能使他们了解到图书馆行业的最新动态，且对提高他们的沟通能力和团队合作精神有非常大的帮助。因此，工作坊和研讨会提供了一个供馆员向同行学习、获取新知识和技能的平台。

3.跨部门培训

跨部门培训是一种可以帮助馆员拓宽视野、提高协作能力的有效方式。这种方式让馆员有机会了解和参与其他部门的工作流程和责任，从而提高他们的协作能力；可以帮助馆员更好地了解智慧图书馆的整体运作，加强团队之间的沟通和协作，从而提高工作效率。与此同时，这种方式也使馆员有机会从不同的角度理解智慧图书馆的工作，从而提高他们的创新能力。

4.实践操作

实践操作是提高技能的最直接方式。理论学习固然重要，但只有进行实践操作后，馆员才能真正了解和掌握新的知识和技能。因此，培训过程应设计一些馆员可以实践操作的项目和任务，这样既能帮助馆员理解理论知识的实际应用，也有助于他们运用新的知识和技能解决实际问题，还能增强馆员的责任感和成就感，提高他们的工作热情。此外，实践操作也是对馆员能力的一种考验，通过这种方式，可以更直观地评估馆员的技能和知识水平，以便进行下一步的培训和指导。

5.建立学习社区

学习社区是一种持续学习和分享的环境，鼓励馆员在日常工作中互相学习、互相激励，形成良好的学习氛围。在这样的环境中，馆员可以自由地分享他们的想法、问题和解决方法，有利于促进知识和技能的交流和传播。此外，学习社区也能增进馆员之间的友谊，从而创建一个积极、有活力的工作环境。通过建立学习社区，馆员可以不断地学习和借鉴他人的经验，同时可以提供自己的观点和建议，以此丰富和提高整个社区的知识和技能水平。

6.定期评估和反馈

定期评估和反馈是馆员培训的重要环节。其中，定期评估是馆员培训的核心环节，它可以帮助管理层及时了解馆员的技能提升情况及培训活动的实际效果。评估的频率可以根据培训的内容和目标来确定。例如，对于一些短期的、技能性强的培训，可以在培训结束后立即进行评估；而对于一些长期的、涉及理论知识的培训，则可以设定几个阶段性的评估点。定期评估的方式除了传统的考试和测验之外，还可以采用观察、面谈、同行评审、自我评估等方式，以全面了解馆员的学习进度和效果。此外，可以将馆员在实际工作中的表现纳入评估范围，以便更真实地了解他们所学知识和技能的应用情况。

同时，反馈环节也非常重要。通过给馆员提供及时、具体的反馈，可以帮助他们了解自己的进步，激励他们继续努力。反馈不仅可以来自培训师，也可以来自同事和读者，以便馆员从多个角度了解自己的工作表现。

第八章　总结与展望

第一节　总结

在信息化时代背景下，传统图书馆需要以数智技术为驱动力，转型为智慧图书馆，以适应日新月异的社会变革和读者需求。智慧图书馆的建设不仅涉及图书馆的全面数字化转型，更关乎图书馆工作人员对新技术、新理念的深入理解和应用。数智技术的赋能从根本上推动了图书馆服务模式、管理方式的创新，也深刻地改变了馆员队伍的工作模式和角色定位。在这个过程中，智慧图书馆的建设者需要有清晰的目标，而这正是本书力图探讨的核心内容。通过本次研究，笔者得出以下四项结论。

第一，智慧图书馆的建设是一项系统工程。传统图书馆转变成智慧图书馆不仅仅体现为物理空间的改变，更体现为服务模式、管理方式、文化氛围的转变。这一转变过程需要图书馆工作人员对智慧图书馆的概念、特征、构成和功能有全面深入的理解，即图书馆工作人员不仅要应用新技术，更要以读者为中心，利用技术优化服务，提高效率，强化管理，为读者创造更好的使用体验。明确智慧图书馆建设的目标、内容、原则和架构设计，是推动智慧图书馆建设的关键。智慧图书馆的建设目标不仅是提高服务质量和效率，更是实现图书馆服务的智能化、个性化、方便化。

第二，数智技术是智慧图书馆建设的核心驱动力。大数据技术可以为图书馆提供丰富的读者行为数据，帮助图书馆了解读者需求，优化服务。物联网技术可以提高图书馆设施管理的效率，改善读者体验。云计算技术可以降低图书馆信息系统建设和维护的成本，提高数据安全性。人工智能技术可以实现图书馆服务的智能化，如智能推荐、智能搜索、智能咨询等。数据挖掘技术可以帮助图书馆从海量数据中提取有价值的信息，支持决策。这些技术不仅可以提高图书馆服务的效率和质量，还可以带来全新的服务模式和管理方式，如自助服务、在线服务、预测性管理等。

第三，数智技术赋能智慧图书馆，需要图书馆工作人员具备相应的技术能力和理念。在信息化时代，图书馆工作人员的角色正在发生深刻的变化，他们不仅要有丰富的专业知识，还要有良好的技术应用能力，更要有创新的服务理念。馆员队伍的建设是智慧图书馆建设的重要支撑，因此应注重提高馆员的数智技术应用能力。同时，馆员要树立以读者为中心的服务理念，以创新的态度迎接挑战，为读者提供优质的服务。

第四，智慧图书馆的建设是一个动态的过程，需要不断地适应社会发展和读者需求的变化。智慧图书馆的建设不是一次性的项目，而是一个持续的过程，这一过程需要图书馆工作人员具有前瞻性思维和眼光，制定灵活的应变策略。随着科技的发展、读者需求的变化，智慧图书馆可能会面临新的挑战和机遇，这就需要图书馆工作人员灵活应对，不断调整策略，持续推进智慧图书馆建设。

第二节 展望

随着科技的飞速发展、社会的不断进步，智慧图书馆将会有更多的发展机遇，同时会面临更多的挑战。

一、智慧图书馆建设在未来可能出现的机遇

（一）技术进步带来的机遇

未来，一些新兴技术可能会对智慧图书馆产生深远的影响，进一步推动其发展。例如，区块链、量子计算和 AR/VR 等技术，可能会在智慧图书馆的建设和发展中发挥重要的作用。

区块链技术有可能在智慧图书馆的数字版权管理和信息共享方面发挥重要作用。通过区块链技术，智慧图书馆可以创建一个公开、透明的版权记录系统，保护作者的知识产权，同时让读者更容易地获取和使用版权受保护的数字资源。除此之外，区块链技术的去中心化特性也可以帮助智慧图书馆构建一个更加开放、公平的信息共享平台，促进全球范围内的知识传播和交流。

量子计算技术有可能在智慧图书馆的大数据处理和信息安全方面发挥重要作用。量子计算的超高速度和超大容量，可以使智慧图书馆更有效地处理和分析大量的数据，从而提升其服务能力和决策效率。同时，量子加密技术也可以为智慧图书馆的信息安全提供更强大的保障。

AR/VR 技术有可能在智慧图书馆的空间设计和读者体验方面发挥重要作用。通过 AR/VR 技术，智慧图书馆可以为读者提供更富有创新性和互动性的阅读体验。例如，读者可以通过 VR 眼镜，进入一个虚拟的图书馆空间，享受一种全新的阅读体验。此外，AR/VR 技术也可以帮助智慧图书馆进行更灵活的空间设计，从而提升其空间利用率和服务效率。

（二）社会大众思想转变带来的机遇

在信息化时代背景下，社会大众对图书馆特别是智慧图书馆的了解和期待也在发生深刻的变化。图书馆的角色也从传统的知识仓库转变为信息获取、知识创新和社区交流的中心，这种转变为智慧图书馆的发展提供了更广阔的机遇。

社会大众对图书馆的需求从传统的书籍借阅逐渐转变为全方位的信息服务。他们期待图书馆不仅能提供丰富的阅读材料，更希望得到专业的信息咨询服务、获取最新的科研动态、参与丰富的文化活动等。这为智慧图书馆提供了无比广阔的服务领域。通过技术的应用，智慧图书馆可以构建全方位、多层次、个性化的信息服务体系，以满足读者的多元化需求。

社会大众对图书馆的角色也有了新的认识。他们希望图书馆不仅是获取知识的地方，更是学习交流、思考创新、休闲娱乐的空间。在这个背景下，智慧图书馆有机会通过构建开放、交互、创新的空间，提供多元化的社区服务，满足社会大众的期待。

社会大众对环保和绿色发展的重视也为智慧图书馆提供了新的机遇。具体来讲，社会大众希望图书馆能在节约资源、保护环境的前提下，提供高质量的服务。因此，智慧图书馆可以通过数字化的方式，减少对纸质资源的依赖；也可以通过绿色建筑设计、节能技术等方式，降低对环境的影响，实现可持续发展。

（三）教育领域的变革带来的机遇

教育领域的变革正在深刻影响着社会，特别是在当下信息时代，技术的飞速发展使得教育的形式和模式发生了翻天覆地的变化。传统的课堂教学已经无法满足现代社会的需求，网络教育、远程教育、自主学习等新型的教育形式逐渐流行。

对于智慧图书馆而言，这种变革无疑为其发展带来了极大的机遇。智慧图书馆可以将传统的书籍与现代化的信息技术相结合，为读者提供更丰富、更便捷的学习资源和学习平台。例如，通过智慧图书馆，读者可以轻松获取各种电子图书、学术论文、研究报告、在线课程等学习资源，甚至可以在线交流、在线讨论，从而进一步提升学习效果。此外，对于教师和研究人员来说，智慧图书馆也能为他们提供丰富的教学和研究资源，帮助他们更好地完成工作。

随着社会对教育需求的日益增长，特别是对个性化、生活化、自主化学习强烈的需求，智慧图书馆的重要性将更加凸显。而且，随着5G、人工智能、大数据等技术的发展，智慧图书馆的服务模式和服务范围也将进一步拓展，如通过大数据技术推荐个性化学习资源，通过VR技术创建沉浸式的学习环境等。因此，教育领域的变革为智慧图书馆的建设带来了无尽的可能性和机遇。

（四）社区合作和伙伴关系的增强带来的机遇

伙伴关系的增强，意味着智慧图书馆的服务可以覆盖更广的读者群体。例如，可以与学校、企业、政府机构、非营利组织等共享资源，共同服务社区。具体来讲，智慧图书馆可以与学校合作，将最新的教育资源、研究资料及学术成果共享给学校；可以与企业合作，将最新的行业报告、职业发展资源、技术论文等共享给企业；可以与政府机构合作，将最新的政策、法规、公共服务信息等共享给公众；可以与非营利组织合作，将最新的公益项目、社区活动、志愿服务信息等共享给社区成员。

通过这种方式，智慧图书馆不仅可以提供更全面、更贴近读者需求的服务，也可以扩大其影响力，增强其在社区中的地位。例如，智慧图书馆可以通过与学校的合作，增强其在教育领域的影响力，吸引更多的学生和教师使用其服务；可以通过与企业的合作，增强其在行业领域的影响力，吸引更多的专业人士使用其服务；可以通过与政府机构的合作，增强其在公共领域的影响力，吸引更多的公众使用其服务；可以通过与非营利组织的合作，增强其在社区领域的影响力，吸引更多的社区成员使用其服务。

更重要的是，这种社区合作和伙伴关系的增强，可以促进智慧图书馆的创新发展。智慧图书馆可以从伙伴的需求、经验、知识中获得灵感和启示，发现新的服务模式和服务领域，从而进一步提升服务能力和服务质量。例如，智慧图书馆可以通过与学校的合作，了解最新的教育发展趋势和教育需求，开发新的教育资源和教育服务；可以通过与企业的合作，了解最新的行业动态和行业需求，开发新的行业资源和行业服务；可以通过与政府机构的合作，了解最新的政策方向和公共需求，开发新的政策资源和公共服务；可以通过与非营利组织的合作，了解最新的社区问题和社区需求，开发新的社区资源和社区服务。

（五）环保和可持续发展趋势带来的机遇

环保和可持续发展趋势在社会各领域中日益显现，这给智慧图书馆的发展带来了诸多积极影响和无限机遇。在环保浪潮下，智慧图书馆有机会以更加环保、更加可持续的方式提供服务，既能满足社会的需求，又能拓宽自身的服务领域。

电子资源的广泛使用是智慧图书馆响应环保挑战的一种方式。这种转变不仅减少了纸质图书的生产和运输，降低了碳足迹，而且提供了更便捷、更丰富的学习和研究资源。读者可以在任何地方、任何时间通过智慧图书馆访问电子书籍、期刊、研究报告等，而无需前往图书馆。这种便利性和实时性为读者带来了更好的学习和研究体验，也使得智慧图书馆在信息服务市场更具竞争力。

对设施的智能化管理也是智慧图书馆响应环保和可持续发展趋势的一种方式。例如，通过智能照明系统和空调系统，智慧图书馆可以根据实际情况调整能源使用量，降低能源消耗。同时，通过智能物流系统，智慧图书馆可以优化图书流转过程，减少不必要的运输和存储，进一步降低碳足迹。这种智能化管理不仅可以提高能源效率，降低运营成本，还可以提升读者的使用体验。

另外，智慧图书馆也可以通过组织宣传环保知识的活动和推进环保实践，推动社区的可持续发展。例如，可以组织关于环保的讲座、工作坊、展览等活动，来增强公众的环保意识；也可以推广和支持电子图书、在线服务等环保实践，促进社区的绿色生活。

二、智慧图书馆建设在未来可能遇到的挑战

（一）技术挑战

智慧图书馆依赖的各种先进技术，包括大数据、人工智能、云计算和物联网等，在提供高效便捷服务的同时，也带来了极大的技术挑战。首先，新技术的引入往往需要高昂的技术投入和长期的技术积累。例如，对于大数据技术，智慧图书馆需要收集、存储和处理大量的数据，这不仅需要强大的硬件设施，也需要专业的数据分析技术和算法。对于人工智能技术，智慧图书馆需要构建和训练智能模型，这需要大量的数据、计算资源和人工智能专业人才。对于云计算和物联网技术，智慧图书馆需要构建安全、稳定、高效的网络环境和设备接入机制。

其次，新技术的引入也带来了技术更新的压力。在科技快速发展的今天，一项新技术可能在很短的时间内就被另一项更先进的技术取代。这对智慧图书馆的技术管理和更新能力提出了更高的要求，智慧图书馆需要不断跟踪技术的发展，更新和优化自己的技术体系。

最后，新技术的应用也带来了技术融合的挑战。智慧图书馆需要将各种不同的技术有机融合，以提供多元化、个性化的服务。例如，智慧图书馆需要将人工智能和大数据结合起来，进行精准的读者画像和推荐服务；需要将物联网和云计算结合起来，实现设备的智能化和远程管理。这需要图书馆馆员具备开阔的技术视野和较强的创新能力。

（二）信息安全挑战

在当今的信息化社会中，智慧图书馆需要处理和存储的读者个人信息和知识资源数据量大增，对此，智慧图书馆需要构建强大的信息安全体系，以维护读者隐私和知识产权的安全。然而，信息安全挑战日益严峻，黑客攻击和网络犯罪手段日益高级，给智慧图书馆的信息安全防护提出了极大的挑战。智慧图书馆需要投入大量的人力、物力，以提升信息安全防护能力。

此外，新技术如云计算和物联网，也给信息安全带来了新的难题。云计算虽然带来了数据存储和计算的便利，但云存储的数据安全问题尤其突出，数据安全控制变得更加复杂；物联网设备的广泛连接，使得设备间的安全性问题更加凸显，提供了更多的攻击目标给黑客。智慧图书馆需要积极迎接这些新技术带来的挑战，积极探索有效的应对方案。

在保护读者隐私和信息安全的同时，智慧图书馆还需要遵守相关的法律法规。各种相关的信息安全法规、读者隐私保护法规等正在不断更新和改变，这也给智慧图书馆的信息安全管理带来了困难。智慧图书馆需要有专门的法律顾问团队，来解读和应对这些法规变化。

（三）读者需求挑战

现代读者的需求日益多元化和个性化，智慧图书馆需要适应这种趋势，提供多样化和个性化的服务。这不仅需要智慧图书馆有丰富的图书资源，还需要智慧图书馆有先进的读者服务理念和强大的技术支持。

现代读者的信息获取习惯正在发生变化，他们更倾向于使用网络和移动设备来获取信息，这对智慧图书馆的服务方式和服务质量提出了更高的要求。智慧图书馆需要有强大的网络服务能力，能够提供稳定、高效、贴心的网络服务，保证读者在任何地方、任何时间都能方便地获取所需信息。

不同的读者群体有着不同的需求。年轻读者可能更喜欢数字资源和在线服务，老年读者可能更需要传统的纸质图书和面对面的服务。智慧图书馆需要了解这些不同的需求，并为不同群体提供针对性的服务。这就要求图书馆有足够的读者研究和服务设计能力。

智慧图书馆还需要满足多元化的文化需求。在全球化背景下，读者可能来自世界各地，他们有着各种各样的文化背景和语言习惯，因此智慧图书馆需要提供多语种的服务，并尊重文化差异，为读者营造"家"的感觉。

（四）人才挑战

智慧图书馆的建设和运营需要各类人才的支持，包括信息技术人才、数据分析人才、读者服务人才等。但由于教育资源和就业市场的限制，找到合适的人才可能是一大挑战，这就需要智慧图书馆有明确的人才战略，以及有效的人才引进和培养机制。

对于信息技术人才，智慧图书馆不仅需要他们具有技术专业知识，更需要他们能理解图书馆的业务需求，并将技术和业务有效地结合起来。这就需要智慧图书馆能够提供良好的技术培训和职业发展环境，以吸引和留住优秀的技术人才。

对于数据分析人才，智慧图书馆需要他们能够理解和处理大量的数据，能提供有价值的数据分析结果。这就需要智慧图书馆能够提供丰富的数据资源，以及先进的数据分析工具和环境。

对于读者服务人才，智慧图书馆需要他们能够了解和满足读者的各种需求，为读者提供优质的服务。这就需要智慧图书馆能够提供读者服务培训和指导，以及良好的工作环境和激励机制。

（五）数字鸿沟挑战

数字鸿沟，即在数字技术应用和接入上存在的不平等问题，是智慧图书馆需要面对的一大挑战。在信息化的今天，尽管很多人都有运用数字技术的能力，但还有很多人因为经济、教育或其他原因而无法有效地使用数字技术。这就需要智慧图书馆在提供数字服务的同时，关注那些被数字化遗漏的读者，提供适合他们的服务。

为了解决数字鸿沟问题，智慧图书馆需要进行多元化的服务设计，兼顾数字服务和传统服务。对于能够接入和使用数字服务的读者，智慧图书馆应提供丰富和高效的在线服务；对于无法接入或不熟悉数字服务的读者，智慧图书馆应提供传统的服务，或者提供教育和培训服务，帮助他们提高数字技术使用能力。

考虑到弱势群体的需求，智慧图书馆还需要进行普惠性的服务设计。例如，对于老年读者，智慧图书馆应提供易于理解和操作的服务；对于残障读者，智慧图书馆应提供无障碍服务。此外，智慧图书馆还需要通过社区服务和公共教育，提高公众的数字素养，帮助他们适应数字化生活。

（六）资金挑战

智慧图书馆的建设和运营需要大量的资金投入，包括图书和数字资源的购买、设备和技术的更新、人才和服务的培养与升级等。然而，由于公共财政的限制，智慧图书馆往往面临资金短缺的问题。这就需要智慧图书馆有良好的财务管理和筹资能力。

首先，智慧图书馆需要做好预算规划和管理，组建专业的财务管理团队，完善财务管理制度，合理分配和使用每一笔资金。

其次，智慧图书馆需要寻找各种筹资途径，如政府的项目资金、企业的赞助、社会的捐赠、服务的收费等，以增加资金来源。这需要智慧图书馆有专门的筹资团队，以及有效的筹资策略和技巧。

最后，智慧图书馆需要改进投资决策和评价机制，提高资金使用效率，以确保每一笔投入都能带来最大的价值。

参考文献

[1] 严栋. 智慧图书馆概论 [M]. 大连：辽宁师范大学出版社，2021.

[2] 林立. 智慧图书馆的理论与实践 [M]. 福州：福建科学技术出版社，2021.

[3] 张海波. 智慧图书馆技术及应用 [M]. 石家庄：河北科学技术出版社，2020.

[4] 贺芳. 智慧图书馆建设与应用研究 [M]. 长春：吉林大学出版社，2022.

[5] 王志红，侯习哲，张静. 智慧图书馆建设与阅读推广研究 [M]. 哈尔滨：哈尔滨出版社，2021.

[6] 杨灿明. 高校智慧图书馆服务创新研究 [M]. 长春：吉林科学技术出版社，2020.

[7] 王东亮. 智慧图书馆与阅读推广工作研究 [M]. 北京：中国国际广播出版社，2021.

[8] 陶功美. 智慧图书馆建设及新兴技术的应用研究 [M]. 长春：吉林人民出版社，2021.

[9] 周娜. 高校智慧图书馆知识服务研究 [M]. 北京：中国国际广播出版社，2022.

[10] 马祥涛. "全评价"视角下智慧图书馆建设评价研究 [J]. 图书馆理论与实践，2023（3）：103–109.

[11] 吴荣.大数据如何助力高校图书馆建设发展：谈智慧图书馆采编管理模式构建策略[J].办公室业务，2023（8）：149-151.

[12] 柏忠贤，夏如意，赵磊，等.元宇宙视域下智慧图书馆学习空间构建：原则、模型、特征与挑战[J].图书馆理论与实践，2023（3）：86-93.

[13] 吕文娟，孟冬晴.智慧医学院校图书馆建设背景下智慧馆员团队建设实践初探[J].医学信息学杂志，2023，44（4）：88-92.

[14] 陈敏.智慧图书馆建设背景下公共图书馆阅读推广策略研究[J].赤峰学院学报（自然科学版），2023，39（4）：25-28.

[15] 于兴尚，刘月，谭洪，等.数智驱动下智慧图书馆的场景应用与模型体系建构[J].图书与情报，2023（2）：95-102.

[16] 丁燕，吴珍.5G环境下智慧图书馆建设与发展问题研究：以塔里木大学图书馆为例[J].山西青年，2023（8）：184-186.

[17] 李立伟.5G边缘计算、区块链与图书馆智慧建设的融合研究[J].大学图书情报学刊，2023，41（3）：44-49.

[18] 赵凤云.基于机构画像的智慧图书馆数字学术空间构建研究[J].大学图书情报学刊，2023，41（3）：39-43.

[19] 薛松.智慧图书馆创新读者服务模式的必要性及路径研究[J].文化产业，2023（11）：100-102.

[20] 李珍.道器之辩：智慧图书馆建设与发展的重要命题[J].阜阳师范大学学报（社会科学版），2023（2）：152-156.

[21] 陈芷仪，田雷.智慧图书馆背景下高校图书馆智慧服务的建设思路：以四川旅游学院图书馆为例[J].科技资讯，2023，21（8）：196-199.

[22] 李爽.探究智慧图书馆透明数据的管理模式及有效措施[J].文化学刊，2023（4）：162-165.

[23] 储节旺，杜秀秀，李佳轩.人工智能生成内容对智慧图书馆服务的冲击及应用展望[J].情报理论与实践，2023，46（5）：6-13.

[24] 赵磊，余吕娜，高淦，等.我国智慧图书馆评价体系研究可视化分析[J].

图书馆工作与研究，2023（4）：65-74.

[25] 陆康，刘慧，张相学，等."社会 5.0"时代我国智慧图书馆数据风险治理研究 [J]. 图书馆，2023（4）：22-27.

[26] 李玉海，马笑笑.智慧图书馆建设中的馆员知识管理探究 [J]. 图书馆，2023（4）：28-35.

[27] 王晓慧.智慧图书馆驱动下老年读者服务创新研究 [J]. 图书馆，2023（4）：36-42.

[28] 祝捷，张炜.物联网背景下智慧图书馆的构建 [J]. 河南图书馆学刊，2023，43（4）：104-106.

[29] 张慧，佟彤，叶鹰.AI 2.0 时代智慧图书馆的 GPT 技术驱动创新 [J]. 图书馆杂志，2023，42（5）：4-8.

[30] 胡娟，柯平.智慧图书馆体系建设中的图书馆总分馆智慧化选择与发展策略研究 [J]. 图书情报工作，2023，67（5）：69-77.

[31] 王慧娜.基于智慧图书馆的精准知识服务研究 [J]. 文化产业，2023（10）：127-129.

[32] 龚碧染.智慧图书馆建设下的阅读推广工作 [J]. 江苏科技信息，2023，40（10）：28-30.

[33] 董晶.智慧图书馆中的智能服务分析 [J]. 集成电路应用，2023，40（4）：333-335.

[34] 马丽晋.智慧图书馆的信息系统架构分析 [J]. 集成电路应用，2023，40（4）：174-175.

[35] 李秋红，毛军，肖彬.新时期智慧图书馆的文化服务研究 [J]. 科技资讯，2023，21（7）：188-191.

[36] 刘喜球，杨亚非.元宇宙视域下赋能智慧图书馆的探索 [J]. 图书馆研究，2023，53（2）：87-96.

[37] 段美珍，刘惠，刘琪，等.智慧图书馆建设成熟度评价方法及实证研究 [J]. 现代情报，2023，43（5）：66-78.

[38] 瞿浩. 智慧图书馆服务乡村阅读的探索与实践 [J]. 湖北师范大学学报（哲学社会科学版），2023，43（2）：142–148.

[39] 张春健. 数据中台在智慧图书馆中的应用构想 [J]. 传媒论坛，2023，6（6）：109–111.

[40] 关鑫. 智能技术视域下智慧图书馆构建及转型体系探究 [J]. 数字技术与应用，2023，41（3）：23–25.

[41] 陈烨. 智慧图书馆赋能乡村振兴的创新探索 [J]. 中国报业，2023（6）：129–131.

[42] 姚正凡. 智慧图书馆建设过程中区块链技术的应用探索 [J]. 数字通信世界，2023（3）：121–123.

[43] 李明，李慧. 面向机构画像的智慧图书馆数字学术空间构建研究 [J]. 江苏科技信息，2023，40（8）：47–49.

[44] 冉海河. 智慧城市视角下的智慧图书馆建设研究：评《智慧城市与智慧图书馆》[J]. 现代城市研究，2023（3）：135.

[45] 周怡悦，黄燕. 5G 时代智慧图书馆 5W1H 分析法服务研究 [J]. 内蒙古科技与经济，2023（5）：148–150.

[46] 张奇云，阳星. 智慧社会发展背景下高校智慧图书馆用户信息保护问题研究 [J]. 图书馆，2023（3）：8–15，23.

[47] 张瑞琳，赵丽梅，黄丽霞. 智慧图书馆价值链构建研究 [J]. 商业经济，2023（4）：102–104.

[48] 刘利. 高校智慧图书馆建设实践研究 [J]. 江苏科技信息，2023，40（7）：44–47.

[49] 郑璇. 智慧图书馆发展新形态探究 [J]. 文化产业，2023（7）：109–111.

[50] 路龙惠，许蒌，任旭明. 智慧图书馆私有云平台网络及网络安全设计：以国家图书馆为例 [J]. 网络安全技术与应用，2023（6）：134–137.

[51] 强薇. 基于智慧图书馆的高校图书馆新生入馆教育模式研究 [J]. 江苏科技信息，2023，40（7）：35–37.

[52] 梁艳妃，于兴尚，梁荣贤. 小数据在智慧图书馆中的价值评估和应用研究 [J]. 图书馆理论与实践，2023（2）：71-76.

[53] 谭昭映，刘文斌. 论智慧图书馆建设的新镜像 [J]. 兰台世界，2023（3）：100-102.

[54] 徐冉. 探究智慧图书馆技术对高校阅读推广模式的作用与影响 [J]. 科技资讯，2023，21（5）：197-200.

[55] 张鹤凡，李思慧. 国内智慧图书馆知识服务发展现状分析 [J]. 文化创新比较研究，2023，7（7）：133-137.

[56] 周娅. 资源·文献·内容：基于知网样本的智慧图书馆研究数据分析 [J]. 办公自动化，2023，28（5）：42-46.

[57] 张双双. 基于大数据的智慧图书馆建设途径解析 [J]. 活力，2023（4）：178-180.

[58] 宋丽. 基于数据挖掘技术的智慧图书馆个性化推荐服务分析 [J]. 图书馆学刊，2023，45（2）：69-73.

[59] 范忠，朱美平，王红美，等. 大数据背景下医院智慧图书馆平台建设与服务创新研究 [J]. 医学信息，2023，36（4）：48-51.

[60] 高静. 元宇宙视域下智慧图书馆的机遇与挑战 [J]. 中国现代教育装备，2023（4）：67-69.

[61] 林莉. 面向循证决策的智慧图书馆知识服务模式研究 [J]. 四川图书馆学报，2023（1）：51-56.

[62] 严素梅，海骏林峰. 基于 LDA-BERT 模型的智慧图书馆主题演化研究 [J]. 数字图书馆论坛，2023，19（2）：57-64.

[63] 王晰巍，罗然，刘宇桐，等. 智慧图书馆在线聊天机器人使用行为影响因素及实证研究 [J]. 情报学报，2023，42（2）：217-230.

[64] 裴琦，许昱. 以大数据为驱动的智慧图书馆构建模式 [J]. 文化创新比较研究，2023，7（6）：123-127.

[65] 张兰芳. 智慧图书馆学科服务实践 [J]. 合作经济与科技，2023（5）：

143–145.

[66] 杜乐."互联网+"时代智慧图书馆信息技术分析[J].互联网周刊,
2023(4):68–70.

[67] 吕春燕.元宇宙视域下智慧图书馆建设的模式与路径[J].文化产业,
2023(5):97–99.

[68] 申悦.5G和大数据背景下公共图书馆智慧化建设研究[J].数字通信世
界,2023(2):27–29.

[69] 赵雨薇.智慧图书馆信息系统构建探究[J].国际公关,2023(3):
28–30.

[70] 郭晓瑜.论高校图书馆智慧化服务体系的构建[J].内蒙古科技与经济,
2023(3):156–158.

[71] 温丽萍.高校智慧图书馆的特征、功能与实施路径研究[J].采写编,
2023(2):187–189.

[72] 周辰.基于5G时代智慧图书馆的发展浅析[J].河南图书馆学刊,
2023,43(2):117–118.

[73] 陈丽冰.智慧图书馆:价值内涵、主要困境与优化路径[J].图书馆,
2023(2):19–25.

[74] 刘哲.智慧图书馆视域下新一代图书馆文献智能仓储系统研究:以深
圳图书馆北馆为例[J].图书馆,2023(2):26–32.

[75] 雷旸.智慧图书馆实现精准服务的路径分析[J].文化创新比较研究,
2023,7(5):121–124.